CHEMINS DE FER

DE PARIS A LYON, PAR DIJON,

ET

DE PARIS A STRASBOURG.

PARIS. — IMPRIMERIE SCHNEIDER ET LANGRAND,
rue d'Erfurth, 1, près l'Abbaye.

DE LA COMPÉTITION
RELATIVE AUX DIVERS TRACÉS PROPOSÉS
POUR
LES CHEMINS DE FER
DE PARIS A LYON, PAR DIJON,
ET
DE PARIS A STRASBOURG.

PAR M. DES ESSARS,
Membre du conseil d'arrondissement de Coulommiers.

PARIS,
CHEZ JOHANNEAU, LIBRAIRE-ÉDITEUR,
RUE DE L'ARBRE-SEC, 15.

FÉVRIER 1845.

DE LA COMPÉTITION

RELATIVE AUX DIVERS TRACÉS PROPOSÉS

POUR

LES CHEMINS DE FER

DE PARIS A LYON, PAR DIJON,

ET DE PARIS A STRASBOURG.

L'influence que doit avoir sur la prospérité de la France l'établissement du chemin de fer de Paris à Lyon et à Strasbourg est universellement reconnue, et il est aujourd'hui superflu de faire valoir les immenses avantages que présentera pour notre pays l'accomplissement de cette grande œuvre; mais il peut être utile d'établir que ces avantages dépendent en grande partie du choix qui sera fait entre les divers tracés proposés.

Une compétition très-vive s'est établie à cet égard; de nombreux mémoires ont été publiés par les localités intermédiaires; toutes ont revendiqué la préférence pour le projet de tracé qui les traverserait. Il faut bien reconnaître que ces publications ont été lues avec une défiance qu'excitait et que justifiait en quelque sorte la méthode de discussion adoptée par leurs auteurs : il semble qu'on n'aurait pas dû insister exclusivement, comme on l'a fait de part et d'autre, sur les avantages d'un tracé et sur les inconvénients des tracés rivaux; n'est-il pas bien préférable de rechercher quels doivent être en général, et dans l'intérêt du pays tout entier, les principes déterminatifs d'option entre divers projets présentés pour de grandes lignes de chemin de fer ; d'établir ces principes sur la base des faits, de l'expérience et de l'opinion des hommes spéciaux ; d'arriver enfin, par la discussion séparée de tous les éléments de cet important examen, à l'application des principes ainsi posés ?

Ces principes reposent nécessairement sur deux considérations principales :

1° La facilité d'exécution des travaux, et l'économie dans les dépenses de premier établissement et d'entretien.

De là l'examen des questions relatives à chaque partie des travaux d'art, aux gares et ateliers communs à plusieurs lignes, et au choix de l'entrée dans Paris, aux ponts et viaducs, aux tunnels et tranchées, aux pentes et courbes, à la longueur des tracés et à leur projection.

2° L'utilité pour le pays en général.

De là l'examen des questions relatives aux faits comparés de statistique commerciale et administrative, au transit, aux transports des marchandises et à la circulation des voyageurs.

Tel sera le plan suivi dans cet écrit. En ramenant sans cesse le débat à des questions générales, il pourra prendre plus d'ampleur, et être plus sûrement dégagé de toute préoccupation d'intérêt de localité. On ne pourra contester, nous l'espérons, la droiture des intentions qui nous ont dirigé dans ce travail ; puisse-t-il contribuer à éclairer quelque peu l'opinion du pays et des chambres dans la grave résolution qui sera bientôt prise, sur la direction à donner aux chemins de fer de Paris à Lyon par Dijon, et de Paris à Strasbourg.

Préalablement à toute discussion il convient d'exposer l'état actuel de la question ; de tous les travaux d'étude entrepris soit par le corps des ponts et chaussées, soit par des comités particuliers, trois tracés paraissent seuls avoir été reconnus susceptibles d'être définitivement discutés.

Tracé par la Marne, le Morin, l'Aubetin et l'Aube.

Le premier tracé, par la Brie, la Champagne et la Bourgogne, suit les vallées de la Marne, du Grand-Morin, de l'Aubetin, de l'Aube et de la Tille, etc., présente un développement de 334 kilomètres. Il prend son point de départ à la barrière des Vertus, passe près de Pantin, Villemonble, Gagny, Chelles, Pompone, Lagny, Dampmard, traverse la Marne au-dessus de Lesches, arrive dans le vallon d'Esbly par un tunnel de 233 mètres, passe à 7 kilomètres de Meaux, qu'il atteindra facilement par un embranchement ; de là se dirige par la vallée du Grand-Morin à travers les communes de Montry, Couilly, Crécy, Serbonne, Dammartin, Guérard, Faremoutiers et Pommeuse, passe à 5 kilomètres de Coulommiers, et entre par la commune d'Amilly dans le vallon de l'Aubetin, que ce projet suit jusqu'à sa source, près de Bouchy-le-Repos ; à ce village, un tunnel de 2,880 mètres fait pénétrer cette ligne vers Dival et Villenauxe, et arrive dans la vallée de l'Aube près de *Marcilly*. Là ce projet traverse l'Aube à Granges, passe près de Méry, puis arrive à Arcis-sur-Aube, passe à 25 kilomètres de Troyes, traverse l'Aube à Lesmont, et parvient dans les belles plaines de Brienne, en un point où peut facilement s'embrancher la ligne de Strasbourg, ce qui rendra communs aux deux lignes de Paris à Lyon et de Paris à Strasbourg 187 kilomètres du chemin de fer projeté.

Après ce point de jonction, le tracé dont il s'agit passe à Bar-sur-Aube, à Clairvaux, à la Ferté, et se dirige vers Montigny, passe à 18 kilomètres de Châtillon-sur-Seine, puis à Auberive, à 20 kilomètres de Langres, et arrive près de Vivey ; là, le projet perce par un tunnel de 1,585 mètres le faîte d'entre Seine et Saône, et arrive ainsi dans la vallée de la Tille, d'où il se dirige vers Thilchâtel, où peut être placé avec avantage l'embranchement de Lyon à Strasbourg par Mulhouse ; le tracé arrive enfin à Dijon, près de la ferme de Ramelet, où se réunissent toutes les lignes.

Tel est l'ensemble de ce tracé, dont l'exécution présentera peu de difficultés graves, quelques travaux au faubourg de Lagny, à l'endroit où le coteau se rapproche de la Marne, le percement ou la tranchée de quelques contre-forts dans la vallée du Morin, et quelques ponceaux sur ce cours d'eau sont, jusqu'à l'Aubetin, les seuls travaux qui, par leur nature, sortent de la classe des travaux courants.

Dans les vallées de l'Aubetin et de Villenauxe, la plus grande difficulté sera celle d'un tunnel de 2,880 mètres, dont on doit espérer voir réduire la longueur par suite des opérations plus détaillées qui pourront être ultérieurement faites. La vallée de l'Aube présente les plus beaux développements de terrain propres à établir des courbes à grands rayons. Entre Aubepierre et

Marcy-sur-Tille, les coteaux sur lesquels s'appuiera le tracé, quoique abruptes, sont d'une nature calcaire, et sans bancs d'argile qui pourraient, comme dans d'autres lignes, compromettre l'assiette des chemins par des tassements ou des déplacements; dans la vallée de la Tille, dont les pentes sont très-faibles, le chemin de fer pourra aussi être facilement établi.

Ce tracé a été présenté par M. Courtois, ingénieur en chef des ponts et chaussées, que le gouvernement avait chargé de comparer et de compléter toutes les études précédemment faites, pour déterminer la ligne que devait suivre le chemin de fer de Paris à Lyon.

Tracé par la basse et la haute Seine.

Le second tracé, par la vallée de la Seine et de l'Ignon, a un développement de 546 kilomètres; il sort de Paris par le chemin de fer de Corbeil : arrivé à cette dernière ville, il perce le contrefort du Coudray par un souterrain de 2,712 mètres, passe à Melun et à Valveins, arrive à Montereau, où il traverse l'Yonne et la Seine par des ponts de 300 pieds d'ouverture, se dirige vers Bray, Nogent et Éverly, arrive vers Mery, atteint Troyes, Bar-sur-Seine et Châtillon, touche Saint-Marc; là, cette ligne continue de suivre la vallée de la Seine jusqu'au moulin d'Oigny, pénètre dans le vallon de Juigny, traverse le faîte d'entre Seine et Saône par un souterrain de 5,000 mètres qui débouche dans la vallée de l'Ignon, et se dirige vers Thilchâtel, où elle se réunit à la ligne tracée par le projet de la Marne et de l'Aube.

Voici l'ensemble des travaux d'art qu'exigera l'exécution du tracé de la basse et haute Seine, qui a été présenté par M. Arnollet, ingénieur en chef.

Sur la ligne de Paris à Corbeil, l'accroissement de la circulation exigerait sans doute le placement de voies supplémentaires, ce qui, à Choisy, à cause de l'étroitesse du passage, et notamment à Ablon, à cause de la nature glaiseuse du sol, rencontrerait de très-grandes difficultés, comme l'expérience ne l'a que trop démontré. Au delà de Corbeil, la nécessité de percer le contre-fort du Coudray entraînerait la construction d'un passage souterrain de 2,712 mètres. Des ponts d'une grande ouverture sur la Seine et sur l'Yonne donneraient lieu à des dépenses considérables. De Montereau à Éverly, l'établissement d'un chemin de fer serait facile; mais entre ce dernier point et Mery, la ligne projetée traverserait des terrains marécageux, ce qui occasionnerait des tassements et des accidents, ou entraînerait des réparations journalières et incessantes. Arrivé au confluent de l'Ource, le tracé parcourt un vallon sinueux et resserré, ce qui nécessiterait le percement de plusieurs contre-forts : on a vu d'ailleurs que le percement du faîte d'entre Seine et Saône ne pouvait se faire dans cette ligne que par un souterrain de 3,000 mètres.

Tracé mixte.

Un projet mixte a été aussi étudié, son adoption a été vivement réclamée par la commission d'enquête de l'Aube, comme présentant de plus grands avantages que toutes les autres lignes proposées et comme conciliant presque toutes les exigences légitimes.

Ce projet suit la Marne, le Morin, en desservant Lagny, Meaux et Coulommiers, comme dans la première partie du projet de M. l'ingénieur en chef Courtois. Ce tracé mixte évite ainsi et le prolongement considérable de parcours que présenterait le tracé de la basse Seine, et toutes les difficultés d'exécution que rencontrerait l'établissement du chemin de fer dans la partie entre Corbeil et Romilly ; ce tracé mixte atteint ensuite l'importante et industrieuse ville de Troyes, où il s'embranche vers Strasbourg par Lesmont, ce qui dispenserait de la construction de 160 kilomètres de chemin de fer, en donnant un tronc commun de 40 lieues au tracé de Paris à Lyon et de Paris à Strasbourg; considération immense et capitale. De Troyes, ce tracé mixte se dirige par Bar-sur-Seine et Châtillon, vers Dijon, en traversant la vallée de l'Ignon par une ligne plus directe et plus courte que celle qui avait été d'abord étudiée; évitant ainsi le coude que formerait vers Thil-Châtel l'ancien tracé de la haute Seine.

Ce tracé mixte est considérablement plus court que tous les autres projets ; son développement n'est que de 510 kilomètres.

Tracé par la Seine, l'Yonne, l'Armançon et la Brenne.

Le troisième tracé, par la Seine et l'Yonne, suit la Seine jusqu'à Montereau, comme dans le projet de M. Arnollet, puis de Montereau se dirige à Pont, Sens, Villeneuve et Joigny ; cette ligne traverse trois fois l'Yonne, pénètre dans la vallée de l'Armançon, suit le canal de Bourgogne jusqu'à Aizy, arrive ainsi au confluent de la Brenne, dont elle remonte la vallée en gravissant une pente de 6 millimètres par mètre, traverse le barrage de

Gros-Bois à 5 mètres au-dessous de son couronnement, suit la rive gauche du réservoir, arrive à Civry, perce le faîte d'entre Seine et Saône par un souterrain de 2,590 mètres, pénètre ainsi dans le vallon de Commarin, arrive à Châteauneuf, puis à Pont-d'Ouche, suit la vallée de l'Ouche jusqu'à Dijon, et parvient ainsi à la ferme de Ramelet, point de jonction des autres lignes, pour aller de là vers Beaune.

On voit que ce tracé suit l'Yonne, une partie de l'Armançon jusqu'à Aizy, et que de ce dernier point il suit la Brenne jusqu'à Châteauneuf.

Tracé partiel par l'Yonne et l'Armançon.

Un autre projet partiel va d'Aizy à Châteauneuf, en continuant à suivre l'Armançon, et en passant par Semur, Marcigny et Pouilly.

Ce projet a été présenté par M. Polonceau, au nom d'un comité particulier qui l'a chargé d'en faire les études ; la longueur de cette ligne paraît être de 546 kilomètres. Ce point, qui a été controversé, sera discuté ultérieurement.

On a vu que les deux projets, soit par l'Yonne, l'Armançon et la Brenne, soit par l'Yonne et l'Armançon, arrivent à Pont-d'Ouche ; de ce dernier point à Beaune il y a, en ligne directe, suivant les uns, 17 kilomètres (1-2), suivant d'autres, 21 kilomètres ; toujours est-il que les deux tracés par la ligne de l'Yonne, suivant la vallée de l'Ouche, font un immense détour pour parvenir de Pont-d'Ouche à Beaune ; ce détour est de 75,000 mètres, ou plus de dix-huit lieues de parcours. M. Polonceau lui-même a d'ailleurs parfaitement démontré (3) qu'on ne pouvait penser à abréger ce parcours de 75,000 mètres. Cette circonstance, très-grave et très-importante pour le jugement à porter sur le choix entre les tracés proposés, sera ultérieurement examinée avec le soin qu'elle mérite (4).

(1) Réflexions sur le chemin de fer de Paris à Lyon par la Bourgogne ; par M. de Champeaux, ancien élève de l'école polytechnique. — Paris, 1842.

(2) Du classement des chemins de fer de l'État, ou Railways royaux, par M. Raymond Mangeot, ingénieur en chef de l'Ardèche. — Paris, mars 1842.

(3) Chemin de fer projeté de Paris à Lyon par la Bourgogne. Rapport sur la partie du chemin comprise entre Paris et Châlons-sur-Saône ; par M. Polonceau. — Paris, 1841. — Voir la note A de ce rapport.

(4) Un autre projet par le Serein a été présenté par M. Hyacinthe Bruchet ; ce tracé s'embranche à Joigny, sur la ligne de l'Yonne, passe à

Les indications relatives à tous les travaux d'art, tels que le souterrain de 2,712 mètres au Coudray, par exemple, et à toutes les difficultés qui se présentent dans l'exécution du chemin de fer depuis Paris jusqu'à Montereau, sont évidemment applicables à la ligne de l'Yonne, puisque cette ligne bifurque de la ligne de la Seine seulement à cette dernière ville.

Trois ponts sur l'Yonne, cinq ponts sur l'Armançon, le percement du contre-fort de Lezinnes par un souterrain de 820 mètres, la traversée du barrage de Grois-Bois qui affecterait le tracé de pentes de 6 millimètres, le percement du faîte d'entre Seine et Saône à Civry par un souterrain de 2,590 mètres, tels sont les principaux travaux d'art que nécessiterait l'exécution de la ligne par l'Yonne, l'Armançon et la Brenne ; ce n'est pas tout : le chemin de fer de cette ligne devrait s'appuyer ou s'établir par des tranchées sur les versants de la vallée de la Brenne ; ces versants reposent sur des bancs d'argile, ce qui pourrait compromettre l'existence même du chemin de fer, comme on en a déjà fait la triste expérience à Ablon, ou pourrait entraîner les plus graves conséquences.

La variante proposée par M. Polonceau, pour aller d'Aizy à Châteauneuf par Semur, Marcigny et Pouilly, éviterait le souterrain de Civry ; mais cet avantage est compensé par la nécessité d'établir une tranchée de 3,000 mètres de longueur et de 6 à 14 mètres de profondeur dans un sol schisteux et granitique. Il est nécessaire d'ajouter que la vallée de l'Armançon est encaissée entre des rochers de granit très-escarpés, et que le tracé de M. Polonceau passe vingt-deux fois d'un côté de la vallée à l'autre, ce qui ne peut se faire qu'en construisant des viaducs de grande dimension ; l'un d'eux a une élévation de près de 30 mètres au-dessus du sol (1) : près de 100 pieds ; c'est l'élévation du viaduc de Fleury, chemin de Versailles (rive gauche).

Chablis, Noyer, Précy, Épinac, Nolay, Chagny et Châlons-sur-Saône. Ce projet a été rejeté à cause des fortes pentes qu'il présentait et pour d'autres considérations. M. Polonceau s'est approprié une partie du tracé de M. Bruchet (voir la brochure publiée par cet ingénieur, sous ce titre : Projet du chemin de fer de Paris à Lyon par la Bourgogne, (ligne du Serein). Paris, février, 1842.

(1) Rapport de la commission d'enquête de l'Aube. — Troyes, 20 décembre 1842.

Après Châteauneuf, le tracé est commun à la ligne par l'Yonne, l'Armançon et la Brenne, et à la ligne par l'Yonne et l'Armançon. Ce parcours de Châteauneuf à Dijon suit l'étroite et sinueuse vallée de l'Ouche, traverse onze fois ce cours d'eau, et le tracé resserré dans cette vallée par le canal de Bourgogne, se trouve affecté de plusieurs courbes à petit rayon, circonstance très-grave, comme on l'établira plus tard.

Quant à la partie du tracé qui se rapporte au parcours de Dijon à Lyon, le projet par Nuits, Beaune, Chagny et Châlons-sur-Saône paraît si universellement accepté, qu'on ne croit pas utile d'entrer à cet égard dans les moindres développements.

Après cet exposé sommaire sur la direction suivie, soit par le tracé mixte de la Marne et de la Haute-Seine, soit par les lignes de la Marne et de l'Aube, de la Seine et de l'Yonne, et sur les principales circonstances que présenterait leur construction, nous arrivons aux questions générales que soulève le choix à faire entre ces lignes; il nous semble rationnel de discuter et de fixer d'abord les principes à suivre pour le choix de l'entrée des chemins de fer dans les capitales des grands États.

Choix des stations d'entrée dans les grandes villes.

Il ne peut être douteux que, pour tous les voyageurs, il n'y ait un intérêt réel à ce que le point d'arrivée des chemins de fer se trouve le plus près possible du centre d'activité des grandes villes; il ne faut pas perdre de vue que, principalement sur les lignes d'une longue étendue, la presque totalité des personnes qui circulent sur les chemins de fer voyagent pour affaires; les rejeter à l'extrémité des capitales, dans un quartier perdu, à plus d'une lieue du centre des affaires, c'est établir un véritable impôt de temps et d'argent sur tous ces voyageurs; aussi voyons nous qu'en Angleterre, les compagnies ont fait d'énormes sacrifices pour s'approcher le plus possible de l'intérieur des villes; c'est ainsi que le chemin de Liverpool à Manchester, qui s'arrêtait d'abord au sommet de la colline, a creusé deux souterrains, chacun d'environ 2 kilomètres de longueur, pour conduire les voyageurs au centre de la ville, c'est ainsi que le chemin de Londres à Birmingham a construit, pour pénétrer dans Londres jusqu'à Euston-Square, un tronçon de chemin de 1,800 mètres de longueur, qui a coûté 5,800,000 francs (1). En Belgique, dans ce moment

(1) Chemins de fer d'Angleterre, par M. Bineau, ingénieur des mines. — Paris, 1840. Nous aurons souvent occasion de citer cet excellent ouvrage.

même des sacrifices considérables vont être faits pour ramener le plus près possible du centre des villes les entrées des chemins de fer; il est même très-remarquable que les municipalités belges, qui, par leurs exigences financières, avaient contribué à l'éloignement du point d'arrivée des stations, vont non-seulement renoncer aux taxes municipales qui avaient fait l'obstacle principal au rapprochement des gares, mais même contribuer aux dépenses d'exécution des stations intérieures.

Ainsi constatés et appréciés pour les voyageurs, les inconvénients de l'éloignement des stations d'entrée dans les grandes villes sont encore plus sensibles et plus onéreux pour les marchandises, dont le déchargement et le transport, soit au lieu de l'entrepôt, soit aux magasins, peut, en raison de l'éloignement des gares, grever chaque tonne de marchandises d'un surcroît de frais de 3 à 4 francs, comme nous le démontrerons lorsque nous traiterons la question du transit.

L'indispensable nécessité d'éviter aux marchandises de longs parcours dans les grandes villes, et, par-dessus tout, la traversée de Paris, a été signalée, reconnue et constatée par les hommes spéciaux qui ont traité la question des chemins de fer (1); l'expérience que nos voisins ont acquise sera-t-elle perdue pour nous? Lorsque nous pouvons, sans aucun sacrifice, nous assurer les avantages qu'ils ont chèrement payés, verrons-nous préférer une entrée très-éloignée de l'intérieur de Paris à une station rapprochée du centre des affaires, rapprochée de l'entrepôt général et de la douane, rapprochée de la gare du chemin de fer de Belgique, avec lequel elle peut même être mise en communication directe, éloignée seulement de 1,500 mètres de la gare du chemin de fer du Havre, et pouvant un jour être facilement unie avec ce dernier chemin, à un point d'intersection extérieure très-rapproché, réunion qui affecterait de la manière la plus heureuse et la plus utile pour le pays le transit et le transport intérieur des marchandises? Nous pensons que l'examen de ces questions conduira sans doute, en principe, à considérer comme bien préférable pour l'entrée dans Paris du chemin de fer de Lyon et de

Entrée dans Paris.

(1) Voir notamment l'ouvrage intitulé : de la Politique des Chemins de fer et de ses applications diverses, par M. Edmond Teysserenc, ancien élève de l'école polytechnique. — Paris, 1842.

Strasbourg la gare proposée à la barrière des Vertus ; on a vu que la ligne mixte par la Marne et la haute Seine et la ligne de la Marne et de l'Aube sont les seules qui puissent s'approprier les avantages que présente cette gare, et que les lignes de la Seine et de l'Yonne, s'embranchant sur le chemin de fer de Paris à Corbeil, ont ainsi leur gare d'entrée au faubourg Saint-Marceau, par delà le Jardin des Plantes, près de la barrière de Charenton, à l'extrémité la plus reculée de Paris et la plus éloignée du centre des affaires.

La question importante du choix de l'entrée des chemins de fer dans Paris a été depuis longtemps agitée ; une commission, composée de délégués de la majorité des arrondissements de Paris, a publié sur ce sujet un mémoire (1) dont nous extrayons ce qui suit :

« L'industrie et le commerce parisien sont concentrés entre « deux lignes qui, partant de la rue Sainte-Avoye et de Saint-« Eustache, se dirigeraient directement vers le nord. Entre la « rivière et le boulevard se trouve l'industrie parisienne propre-« ment dite, et en même temps le commerce de vente ; entre le « boulevard et le mur d'enceinte, le commerce de commission, « l'expédition, le roulage ; à proximité de ce foyer de richesses « et d'activité, se trouvent le canal Saint-Martin, les magasins « privés, la Villette, la Chapelle avec leurs richesses ; enfin, « l'entrepôt général des marais et l'administration de la « douane. »

Ce tableau si exact du mouvement des affaires commerciales dans Paris est d'ailleurs conforme à l'expérience. Elle démontre que toute la vie de notre grande cité se retire des parties méridionales pour se porter au nord ; ce mouvement s'étend et s'accélère chaque jour, et doit dès lors être pris en sérieuse considération dans les grandes questions comme celle qui fait l'objet de cet écrit.

Gares communes.

Les principes qui viennent d'être établis paraissent générale-

(1) Chemins de fer, lignes du nord et de l'est. Entrée dans Paris. Mémoire aux deux chambres et au ministère, par les délégués de la majorité des arrondissements de Paris. — Avril 1842.

ment admis, même par la chambre des députés, qui, conformément à l'opinion de l'honorable M. Dufaure, a rejeté l'amendement présenté par M. Denis, qui décidait en faveur de la gare d'Orléans la question d'entrée du chemin de fer de Lyon dans Paris (1). Toutefois on a fait à l'application spéciale de ces principes une objection tirée de l'économie qu'on pourrait faire en n'ayant qu'une station commune pour l'entrée de plusieurs chemins de fer ; l'inexorable expérience vient encore renverser et détruire tout ce que cette objection peut avoir de spécieux : en effet, nous voyons d'abord que la commission nommée par le parlement anglais pour étudier la question des tarifs s'est prononcée contre les stations d'entrée communes à plusieurs grandes lignes (2), et en a signalé les nombreux inconvénients ; ce n'est pas tout : le chemin de fer de Londres à Bristol a renoncé à emprunter au chemin de Birmingham son entrée dans Londres ; il en est de même des deux grandes lignes de Douvres et de Brighton qui devaient emprunter l'entrée du chemin de Greenwich ; la compagnie du chemin de fer de Great Western se félicite des difficultés qui, survenues à l'origine, l'ont obligée à faire une entrée distincte (3). Enfin il est aujourd'hui constaté que les entrées communes sont en général considérées comme désavantageuses, malgré la faveur qui les avait d'abord accueillies.

Qui ne conçoit en effet que l'expérience est ici d'accord avec le raisonnement ; que l'agglomération sur un seul point de la station d'entrée de plusieurs grandes lignes multiplie les dangers

(1) Voici ce que disait en terminant M. Dufaure : « C'est une des grandes questions du projet de loi que la question des gares d'arrivée ; veuillez vous rappeler qu'autour de Londres les chemins de fer ont tenu à avoir leurs gares ; que huit gares sont établies autour de Londres, et voyez si vous pouvez décider qu'il n'y aura pour la ville de Paris que la gare d'arrivée du chemin de Saint-Germain, une gare d'arrivée du nord, que M. le ministre doit établir d'après le projet de loi, et enfin la gare du chemin de la compagnie d'Orléans, pour tous les chemins de l'ouest et du centre de la France, et pour les chemins de Paris à la Méditerranée. » (*Moniteur* du 5 mai 1842, page 1106.)

(2) Les chemins de fer anglais et belges, par M. Perdonnet, professeur à l'école centrale, l'un des ingénieurs du chemin de fer de Versailles (rive gauche). — Paris, 1840.

(3) Voir le livre de M. Bineau, déjà cité.

et les difficultés d'exploitation, et met un obstacle quelquefois insurmontable aux changements que le public désirerait voir apporter dans la fixation des heures de départ ou d'arrivée ; que la liberté d'action est ainsi ôtée aux compagnies qui exploitent concurremment la même entrée, ce qui est un inconvénient très-grave?

Il faut examiner maintenant si au moins cet inconvénient est racheté par une grande économie. On paraît s'être fait à cet égard bien des illusions ; une compagnie qui offre de rendre commune à un autre chemin de fer l'entrée qu'elle possède, ne fait pas une concession gratuite, mais bien une location à prix d'argent ; en général, les locations de ce genre sont chèrement payées ; si nous sommes bien informés, la compagnie de Versailles, rive droite, et la compagnie de Rouen, ont si peu à se féliciter du marché qu'elles ont fait avec la compagnie de Saint-Germain pour la location partielle de la station d'entrée de ce dernier chemin, que les compagnies locataires désireraient annuler la convention passée à cet égard (1). On conçoit en effet que, si une compagnie paye 150,000 francs de loyer annuel, pour cet objet, dût elle dépenser 4 millions, elle ferait encore mieux de conquérir ainsi sa liberté absolue d'action, ce

(1) En 1844, la Compagnie de St-Germain a reçu de la Compagnie de Versailles, rive droite . . . . 194,462 fr. 49 c.
La Compagnie de Rouen paye par voyageur cinquante-cinq centimes ; on évalue que ce taux de location produira au moins . . . . 250,000 »
évaluation qui, comparativement, est très-modérée.
Le taux de prélèvement sur les marchandises du chemin de fer de Rouen ne nous est pas connu.
Ainsi, la Compagnie de St-Germain reçoit annuellement pour location de son entrée dans Paris . . . . 444,462 fr. 49 c.
outre ce qu'elle prélèvera sur les marchandises du chemin de fer de Rouen.

Le produit annuel ci-dessus représente à 5 p. 100 un capital de huit millions huit cent quatre-vingt-trois mille deux cent quarante-neuf francs quatre-vingts centimes.

L'entrée dans Paris n'a pas coûté 1,700,000 fr. à la Compagnie de St-Germain. (1,685,059 fr. 28 c.)

Ces chiffres parlent plus haut que tous les raisonnements possibles.

qui est d'une haute importance en toute grande affaire (1); les mêmes principes et les mêmes réflexions s'appliquent aux ateliers communs de réparation des locomotives, rails, etc. De toute cette discussion, il paraît bien réellement résulter que la communauté des gares d'entrée et des ateliers, entre plusieurs compagnies de grandes lignes de chemin de fer, est plus préjudiciable qu'utile. Cet examen peut conduire aussi à reconnaître la folie de ces constructions somptueuses dont on apprécie la parfaite inutilité, en voyant les stations de la Belgique, de l'Allemagne, de l'Angleterre; ces gares modestes satisfont complétement aux besoins du service, et n'ont pas éloigné un seul voyageur; la gare du chemin de fer de Versailles (rive gauche) n'a coûté que 100 et quelques mille francs, et a suffi, dans certains jours, à un mouvement de circulation de plus de 30,000 voyageurs. Le résumé de tout ceci est qu'il vaut mieux assurément pour une compagnie faire, avec économie, la dépense d'établissement de sa gare et de ses ateliers, et en avoir la libre et complète disposition, comme propriétaire.

On voit dès lors que, sous ce point de vue, l'emprunt de la gare d'entrée de la compagnie du chemin de fer de Corbeil est loin d'être, pour les lignes de l'Yonne et de la Seine, une cause de préférence, et que la ligne mixte par la Marne et la haute Seine, et la ligne de la Marne et de l'Aube, conservent entièrement à cet égard tous les avantages que leur donne une entrée dans Paris, bien mieux placée que celles des lignes rivales.

Tunnels.

Nous arrivons maintenant à discuter les questions relatives aux grands travaux d'art : les tunnels y figurent au premier rang par leur importance. Bien qu'on ait un peu exagéré les difficultés que présente leur construction et les dépenses qu'entraîne leur percement, on doit cependant reconnaître que l'établissement de

(1) Voici quelques indications sur les dépenses d'une gare :

Terrain pour la gare, 5 hectares, à 50,000 fr.	250,000 fr.
Bâtiments et trottoirs	200,000
Voies, 1200 mètres, à 50 fr.	60,000
8 plaques tournantes, à 5,000 fr.	40,000
10 changements de voie, à 1,000 fr.	10,000
	560,000 fr.

Les ateliers avec outillage peuvent être évalués de 6 à 700,000 fr.

souterrains d'une assez grande longueur est toujours très dispendieux, et que même on ne peut jamais par avance en bien calculer la dépense : leur parcours est dur et cahoteux ; dans le trajet d'un souterrain, les voyageurs, sur l'impériale, sont couverts de cendres et de fumée, ce qui détermine le délaissement de ce genre de places, et nuit ainsi au produit de la ligne ; enfin, la construction de ces grands ouvrages retarde l'exécution des tracés. Mais ce ne sont là que de légers inconvénients en comparaison des dangers que présentent les tunnels, dangers auxquels on n'a pas assez réfléchi. En cas de déraillement dans un souterrain, pour quelque cause que ce soit, la locomotive ira immédiatement se briser, avec un nombre plus ou moins considérable de waggons, contre la paroi du tunnel ; le choc sera très-brusque et par conséquent très-violent ; les malheurs instantanés qu'un tel événement peut produire sont incalculables, car le courant d'air favorisera l'incendie, et ne sera pas cependant assez fort pour entraîner la fumée, ce qui augmentera la confusion et aggravera la catastrophe. Ce n'est pas tout ; si dans un tunnel un accident grave coïncide avec la rencontre d'un autre convoi à grande vitesse, on ne peut penser sans effroi aux affreuses conséquences d'une telle rencontre, puisque, par l'entassement des waggons sur la voie, tout refuge et tout moyen d'échapper au danger peuvent être ôtés aux voyageurs.

Il faut bien reconnaître toutefois que c'est particulièrement dans les souterrains très-longs que ces dangers sont à redouter. Les tunnels de peu d'étendue ne présentent que des inconvénients insignifiants, largement compensés par leurs avantages, soit pour l'abréviation du parcours, soit pour l'augmentation du rayon des courbes. Le principe qui découle de ces considérations, c'est que moins sera grande l'étendue des tunnels d'une ligne, plus il y aura de motifs pour adopter le tracé de cette ligne.

Passant à l'application de ce principe, on voit que la ligne de la Marne et de l'Aube conserve encore tous ses avantages. En effet, les tunnels de ce tracé sont d'une étendue de 5 kilomètres 73 ; ceux de la ligne par l'Yonne, l'Armançon et la Brenne, de 6 kilomètres 15, et ceux de la ligne de la Seine plus considérables encore.

Tranchées.

On a vu que, par la variante proposée par M. Polonceau pour

aller d'Aizy à Châteauneuf, on éviterait le souterrain de Civry; mais que, par compensation, on serait réduit à ouvrir une tranchée de 3,000 mètres de développement sur une profondeur considérable.

Les avantages des tranchées profondes sur les tunnels sont très-controversés; la solution de la question dépend en grande partie de la nature du terrain dans lequel sont établies les tranchées : lorsquelles se trouvent dans les argiles du lias, il peut arriver que des parties considérables des talus et des terrains environnants glissent et entraînent la ligne ou l'obstruent : on en a fait la triste expérience à la tranchée d'Ablon, sur le chemin de fer de Corbeil. D'un autre côté, lorsque ces tranchées ouvrent des versants très-élevés, et qu'elles sont exposées à recevoir des amoncellements subits de neiges et de terres, alors surtout les avantages sur les tunnels sont très-hypothétiques; on peut, à la vérité, soutenir les talus par des murs, comme on a été obligé de le faire en plusieurs endroits aux chemins de fer de Versailles; mais c'est surtout alors que la question de savoir s'il ne serait pas préférable de voûter ces tranchées devient fort incertaine (1).

Les causes d'hésitation qu'on vient de signaler sont précisément celles que présente la tranchée du col de Pouilly, qui serait ouverte sur le faîte même qui sépare les versants de l'Océan et de la Méditerranée, et dans un sol qui rendrait les glissements et les éboulements presque certains. Les observations faites à cet égard, par M. Arnollet, ingénieur en chef des ponts et chaussées (2), sont pleines de justesse; nous les reproduisons ici.

« M. Polonceau décrit tout ce qui, dans un souterrain, peut « faire craindre des éboulements; mais tout ce qu'il dit à ce sujet « s'applique encore mieux aux tranchées taillées à pic, comme « on le voit aux profils de M. Polonceau, et notamment dans les « roches granitiques, qui n'ont aucun lit de pose et peuvent se « détacher subitement sans qu'aucun indice l'annonce, surtout « lorsqu'en hiver l'eau qui s'insinue par les fissures vient à se dila- « ter par la gelée et à détruire les adhérences; mais, outre cela,

(1) V. Prony. — Recherches sur la poussée des terres. — Paris, 1802.

(2) Chemin de fer de Paris à Lyon. Opposition au projet partiel de Montereau à Châlons, proposé par un comité que préside M. le marquis de Louvois, et discussion devant la commission d'enquête de Dijon, par M. Arnollet, ingénieur en chef. — Dijon, 1841.

« ces tranchées dans un climat froid comme la haute Bourgogne,
« où le sol est couvert de neige pendant des mois entiers, offrent
« cet autre inconvénient que le vent y fera tomber des neiges, et
« que dans peu d'instants un tourbillon peut obstruer le chemin
« d'une hauteur de plusieurs mètres.

« Lorsque ces tranchées sont en terre, comme au projet de
« M. Polonceau, les neiges amoncelées d'abord par le vent sur
« l'un de ces talus, y glissent souvent en avalanches; les terres
« peuvent y glisser aussi dans les dégels et les pluies, et dans les
« parties schisteuses on pourra voir glisser des masses entières
« de la montagne; il y a de cela de fréquents exemples... Les
« dépenses d'entretien de ces tranchées sont une chose dont l'esti-
« mation ne peut se baser sur aucun calcul, et le chemin de
« M. Polonceau est toujours en tranchées ou en viaducs. »

On peut ajouter que des tranchées de trois quarts de lieue, comme celles dont il est question ici, présentent pour le cas de déraillement la plus grande partie des dangers qu'offrent les tunnels à cause de l'inclinaison et de la profondeur des talus. Il ne faut pas oublier d'ailleurs que la ligne de l'Yonne, même avec la modification de tracé indiquée par M. Polonceau, aurait dans tous les cas à traverser deux longs souterrains, celui du Coudray, de 2,712 mètres de long (près de trois quarts de lieue) et celui de Lezinnes, de 820 mètres de long; elle réunirait donc à la fois les inconvénients des grands souterrains et les inconvénients des tranchées longues et profondes, présentant ainsi l'assemblage de deux dangers de diverse nature.

Des ponts et viaducs.

Si maintenant nous examinons les questions relatives aux ponts et aux viaducs, nous trouvons pour les résoudre des principes qui, assurément, ne seront pas contestés : chacun sait, en effet, que la construction de ces grands ouvrages entraîne des dépenses tellement considérables, qu'il est impossible d'en prévoir d'avance l'importance (1). Le viaduc de Fleury, qui ne réunit qu'imparfaitement les deux points qu'il devait joindre, et qui n'a été complété que par une estacade en bois, a coûté deux millions; il n'a que 140 mètres de longueur. (Le devis était de 1,400,000 fr.)

(1) Voir Sganzin. — Cours de construction — 4e édition. — Paris, 1840, page 326. — Tableau de la dépense des ponts.

D'un autre côté, les ponts qui, pour le service des chemins de fer, sont jetés sur les grandes rivières, ajoutent aux difficultés de la navigation. Ce double inconvénient est évité dans la ligne de la Marne et de l'Aube, qui n'exige la construction que d'un seul grand pont sur la Marne. La ligne de la basse et haute Seine nécessite l'établissement de ponts très-dispendieux. Quant à la ligne de l'Yonne, trois ponts sur cette rivière, cinq sur l'Armançon, une série de hauts viaducs, dont la dépense serait incalculable, mettent ce dernier tracé en dehors de toute possibilité de comparaison avec les deux lignes rivales.

Pentes.

Nous avons maintenant à examiner la question des pentes. Tous les hommes spéciaux, notamment M. de Pambourg, le docteur Lardner, M. Bineau, M. Perdonnet, M. Teysserenc, M. Kermaingant, etc., semblent aujourd'hui disposés à reconnaître que, sous le rapport administratif, on a généralement attaché trop d'importance à la diminution des pentes; aussi paraît-on accorder en principe que, pourvu que les chemins de fer ne présentent pas de pentes de plus de 5 millimètres, toutes les conditions qu'on peut raisonnablement leur imposer sous ce rapport se trouvent complétement remplies

Il ne faut pas perdre de vue que la pente *maxima* a seule un haut degré d'importance sur les lignes à grande vitesse, et que les pentes intermédiaires, quelle que soit d'ailleurs leur moyenne, ne jouent qu'un rôle très-secondaire. On conçoit, en effet, que si on a, dans le trajet, à gravir une pente de 8 millimètres, par exemple, n'importe sur quel développement, on doit calculer la force de la locomotive et la charge du convoi sur la nécessité de franchir cette pente, ce qui, en pratique, rend presque insignifiante la moyenne des pentes intermédiaires. En appliquant ces considérations aux trois tracés en discussion, on voit d'abord que le tracé mixte et la ligne de la Marne et de l'Aube ne dépassent pas la limite de 5 millimètres; la ligne de la haute Seine était d'abord affectée de pentes de 6 millimètres et demi au passage d'entre Seine et Saône; mais par suite de nouvelles études faites par ordre du gouvernement, ces pentes ont pu être réduites au maximum de 5 millimètres aux abords du souterrain du point de partage (1). Quant à la ligne de l'Yonne, bien qu'en général ses

(1) Rapport de la commission d'enquête de l'Aube. — Troyes. 20 oct. 1842.

pentes ne dépassent pas 4 millimètres, les profils publiés par M. Polonceau accusent près de Dijon une pente de 10 millimètres sur un développement de 661 mètres, et une contre-pente de près de 8 millimètres (7,80) sur un développement de 1555 mètres. Si ces pentes ne peuvent être diminuées, comme on prétend en avoir l'espérance, ce sera une nouvelle considération décisive contre l'adoption de la ligne de l'Yonne. On conçoit en effet que, soit en raison des dangers qu'elles présentent, soit à cause des difficultés qu'elles ajoutent à l'exploitation d'un chemin de fer, des pentes *maxima* de 10 millimètres (1), et même de 8 millimètres, sur 2,216 mètres de développement, excèdent de beaucoup la limite extrême qu'il peut être raisonnable de tolérer.

Courbes. La question des courbes a une bien plus grande importance que celle des pentes. En effet, les inconvénients que présentent les pentes sont susceptibles d'être palliés en partie, soit par des freins à la descente, soit à la montée par des machines de renfort, des machines fixes, etc. Sans doute l'emploi de ces moyens est très-fâcheux, mais ils ne peuvent entrer en comparaison avec les inconvénients nombreux et irremédiables que présentent les courbes et surtout celles qui sont à petit rayon.

Les frottements dans les circuits des chemins de fer sont de deux natures : les uns sont dus au glissement de la jante des roues sur la surface horizontale des rails, ce qui entraîne l'augmentation de la résistance et l'usure du matériel du chemin de fer ; quoique cette cause de dépense et d'entretien soit considérable, nous nous contenterons de la constater, parce qu'on n'a pas encore fait d'expériences pour apprécier exactement dans quelle proportion elle varie avec les rayons des courbes.

Les autres frottements dans les circuits à petits rayons proviennent de la pression des rebords des roues contre la face verticale des rails ; cette pression est due, pour la plus grande partie (2), à la force centrifuge : les conséquences de cette dernière nature de frottement sont très-graves. En effet, elles rendent plus nom-

(1) Une pente de 8^{mm}, 67 a principalement déterminé le rejet du tracé par le Serein, proposé par M. Bruchet.

(2) Leçons faites sur les chemins de fer, à l'école des ponts et chaussées, par M. Minard, en 1833, 1834. — Paris, 1834.

breuses les chances de rupture des essieux, ce qui peut, comme on en a fait la cruelle expérience, amener les catastrophes les plus épouvantables ; il y a plusieurs exemples de rupture d'essieux de locomotive par l'influence des courbes de petit rayon. On se sert aujourd'hui généralement de locomotives à six roues, dont les essieux antérieurs et postérieurs sont plus éloignés l'un de l'autre que les deux essieux d'une locomotive à quatre roues ; or les chances de rupture d'essieux dans les chemins de fer à petits circuits sont bien plus considérables pour ces locomotives à six roues. Des accidents de ce genre sont arrivés en Angleterre (1), au chemin de fer de Grand-Junction Railway, à son point de réunion avec le chemin de fer de Liverpool à Manchester.

Une conséquence non moins grave peut être des frottements et des résistances dans les courbes des chemins de fer, c'est de multiplier les chances de déraillement. Ces chances s'accroissent avec la vitesse dans une proportion énorme : or, il ne faut pas perdre de vue que, suivant toute apparence, l'amélioration successive des locomotives permettra prochainement d'augmenter encore la vitesse de la marche sur les chemins de fer (2). Les chemins de fer à petits rayons seront placés dans un état d'infériorité très-regrettable, si ces perfectionnements sont obtenus comme on peut le prévoir ; car depuis quelques années, on a sextuplé la puissance des locomotives et réduit, dans la proportion de 4 à 1, leur dépense en combustible, comme le démontre le tableau ci-dessous, emprunté à l'intéressant ouvrage de M. le major Poussin (3). Locomotives.

DATES.	NOM de la Machine.	CHARGE de la Machine, convoi complet.	VITESSE de la Machine, par kilomètres, par heure.	VAPORISATION par heure.	CONSOMMATION en combustible, par tonne, à 1 kilomètre.
			kil.	m. cub.	kilog.
1825	Ancienne locomotive.	40	9 . 65	0 . 456	1 . 05
1829	Rocket.	40	25 . 13	0 . 855	0 . 50
1834	Firefly.	40	34 . 32	1 . 978	0 . 21
1838	Harvey Combe. . . .	50	51 . 49	2 . 707	0 . 17
1839	North Star.	40	62 . 00	4 . 620	0 . 25

(1) M. Bineau, ouvrage déjà cité.

(2) Voir le traité des locomotives, par M. de Pambourg.

(3) Examen comparatif de la question des chemins de fer en 1839, en France et à l'étranger, par M. G. Tell Poussin. — Paris, 1840.

Les frais d'entretien des locomotives ont aussi diminué sensiblement; les machines qui, en 1830, ne pouvaient parcourir que 120 kilomètres sans réparation, en parcourent en moyenne 180 aujourd'hui (1). Ce n'est pas tout : on essaye d'appliquer la détente aux cylindres des locomotives et de proportionner ainsi la dépense de vapeur à l'effort de traction qu'exigent soit l'inclinaison des pentes, soit la charge du convoi. Le célèbre ingénieur M. Stephenson cherche à donner aux chaudières des locomotives beaucoup plus de longueur, de telle sorte que l'air échauffé laisserait à l'eau toute sa chaleur et sortirait presque froid par la cheminée (2). En France, on va, dit-on, essayer d'arriver à ce résultat, en donnant aux locomotives plus de longeur, et en plaçant un foyer à chaque extrémité de la machine; sans énumérer plus longuement toutes les améliorations que l'on est en droit d'espérer voir apporter aux locomotives et à leur puissance, et en ne tenant compte que de la manière dont les locomotives fonctionnent aujourd'hui, on trouve qu'on a pu remorquer un convoi pendant 15 minutes à la vitesse de 26 mètres 9 centimètres par seconde (près de 24 lieues à l'heure) (3), mais ce sont là des faits exceptionnels. Si l'on se restreint à chercher quelle est la marche habituelle sur les chemins de fer, on reconnaît que la vitesse de 14 à 15 lieues à l'heure est sans cesse atteinte en certains points par des locomotives remorquant des convois. Cette vitesse, qui est de 16 à 17 mètres par seconde, est égale à celle d'un corps qui tomberait d'un cinquième étage de 45 pieds de hauteur; dans les circuits à petits rayons, une telle marche expose le convoi à des périls de tout genre, et telles sont les exigences du public, que les compagnies ne pourraient réduire la rapidité du parcours sans nuire à leurs intérêts ou sans donner lieu à des plaintes universelles.

On ne doit pas omettre de rappeler ici que l'on a proposé divers moyens de remédier aux effets des courbes (4).

(1) M. Perdonnet, ouvrage déjà cité.

(2) M. Teysserenc, ouvrage déjà cité.

(3) M. Minard, ouvrage déjà cité, page 75.

(4) Voir le memoire lu à l'Institut, par M. E. Wissocq, sur le frottement et les résistances dans les circuits des chemins de fer.

1° La conicité de la jante ; ce moyen n'a pas été éprouvé en grand. — Il a d'ailleurs l'inconvénient de soumettre les waggons à un ballottement latéral si incommode et si fatigant, surtout pour les waggons placés à la queue du convoi, qu'on ne suppose pas qu'il puisse être adopté.

2° La surélévation du rail extérieur. —Elle présente aussi l'inconvénient du ballottement latéral, et ne remédie qu'imparfaitement aux dangers du déraillement par suite de ce mouvement, dit mouvement de lacet.

3° Le système de M. Laignel, qui augmente le rayon de la roue qui roule sur le rail extérieur, en la faisant porter dans les courbes sur la saillie du bourrelet. Ce système, qui ne peut être employé que pour des courbes d'un même rayon, ne diminue point les chances de rupture des essieux et du déraillement; d'ailleurs, le développement subit qu'il donne à la résistance à l'entrée de la courbe, résistance qui, d'après les expériences de la Commission et les calculs de M. Maniel, serait presque instantanément décuplée, a fait renoncer à ce moyen.

4° Enfin, le système de M. Arnoux (1). Dans ce système, les essieux fixes permettent aux roues de prendre des vitesses différentes; un train mobile, auquel les essieux sont fixés, leur permet de tourner dans un plan horizontal ; enfin, un système de galets placés à la tête du convoi et un mode de liaison des voitures fait prendre à celles-ci la convergence nécessaire. Les chances de rupture des galets et l'impossibilité absolue du recul des convois dans les courbes à petit rayon, ont aussi empêché l'adoption de ce système, d'ailleurs très-ingénieux et très-remarquable.

Comme on le voit, les efforts tentés pour diminuer les désastreux effets des courbes à petits rayons sont restés impuissants. Ces courbes restent donc avec leurs inconvénients et leurs dangers.

De tout ce qui précède il doit résulter évidemment comme principe que, dans le choix à faire entre tracés rivaux, la question des courbes doit avoir la plus haute influence, et qu'en général,

(1) Système de voitures de chemin de fer de toute courbure, par Claude Arnoux, ancien élève de l'école polytechnique. — Paris, Bacheller, 1840. — Cette publication contient les divers rapports faits sur l'application du système de M. Arnoux.

tout tracé qui présente moins de courbes à petits rayons doit être préféré. L'infériorité, sous le rapport des courbes, est précisément ce qui caractérise la ligne de l'Yonne; en effet, la somme des angles de courbure d'un rayon moindre de 1,000 mètres est de 9 circonférences un tiers pour ce tracé; tandis que la somme des angles d'un semblable rayon n'est que de 7 circonférences seulement pour la ligne qui suit la Marne et l'Aube, et de 6 un quart pour la ligne de la Seine. Ainsi, la ligne de l'Yonne est celle sur laquelle les voyageurs courraient le plus de dangers.

Même infériorité pour la ligne de l'Yonne, relativement aux courbes de tout rayon dont la somme des angles pour ce tracé est de 20 circonférences; tandis que cette somme d'angles n'est que de 19 circonférences pour la ligne de la Seine, et de 16 seulement pour la ligne de la Marne et de l'Aube.

Enfin, on a vu que c'est principalement sur les courbes de très-petits rayons qu'augmentent les chances de fracture d'essieux et de déraillement, et que s'accroissent, dans une proportion énorme, les risques d'accidents graves pour les voyageurs : or, d'après la configuration topographique des localités que parcourt le tracé par l'Yonne, il est presque impossible que cette ligne n'affecte pas des courbes de 500 mètres (1), tandis que, sur la ligne qui suit la Marne et l'Aube, comme sur la ligne qui suit la Marne et la haute Seine, les plus petits rayons auront au moins 500 mètres.

L'infériorité du tracé de l'Yonne, sous le rapport des courbes, a une si haute importance, soit pour le présent, soit pour l'avenir, qu'elle devrait rester décisive pour le rejet de cette ligne, lors même qu'en compensation de ce grave inconvénient, ce tracé aurait au moins l'avantage d'être le plus court. A combien plus forte raison ce rejet ne doit-il pas avoir lieu, lorsqu'on voit que cette ligne présente une extension considérable de parcours.

Longueur comparative des tracés.

Malgré l'évidence que donne à cet égard le plus simple examen d'une carte de France, les défenseurs de la ligne de l'Yonne ont cherché à jeter quelque confusion dans cette partie du débat. Cette tactique n'est pas nouvelle : déjà M. l'ingénieur en chef Arnollet l'avait signalée dans une partie de son mémoire, que nous allons reproduire, en prévenant toutefois que les formes de dis-

(1) Voir le Mémoire de M. l'ingénieur en chef Courtois.

cussion qu'emploie M. l'ingénieur en chef sont un peu vives. Nous lui en laissons la responsabilité :

« Pour faire apprécier les manœuvres par lesquelles on cher- « che de plus en plus à tromper l'opinion publique, je citerai une « pièce nouvelle intitulée : *Note comparative adressée par M. le « marquis de Louvois à la commission d'enquête.*

« De Montereau à Châlons, la longueur de mon projet est de « 335,000 mètres ; elle serait de 352,000 selon la note de ces « messieurs.

« De Montereau à Dijon, ma longueur est de 269,000 mètres ; « elle serait de 288,000 mètres selon la note comparative.

« De Paris à Dijon, ma longueur est de 360,000 mètres ; la « note comparative la porte à 375,000.

« Enfin, de Paris à Lyon, ma longueur est de 551,000 mètres, « et la note de M. de Louvois l'annonce des 583,000 mètres ; « légère différence de 32,000 mètres au préjudice de mon projet.

« Pendant ce temps, M. Polonceau annonce dans son mémoire « que sa longueur de Paris à Dijon ne serait que de 352,000 mètres ; « et le mémoire de M. de Louvois l'avoue de 361,000, et qui sait « ce qu'elle est réellement : et ces messieurs déclarent qu'ils ont « plusieurs fois vérifié mes projets... (1). »

Longueur du tracé par l'Yonne et l'Armançon.

Essayons d'établir des chiffres qui aient, pour la ligne de l'Yonne, une base un peu plus sûre que des allégations contradictoires.

On a vu que la note comparative distribuée par les défenseurs de cette ligne à la commission d'enquête de Dijon portait à 561 kilomètres la longueur du tracé de Paris à Dijon. — En relevant, sur les profils joints au mémoire publié par M. Polonceau, les longueurs diverses cotées de Montereau à Dijon ; en prenant les mêmes cotes de Paris à Corbeil sur les profils de la carte publiée par M. Donnet, archiviste du chemin de fer d'Orléans, et qui, par conséquent, a un caractère officiel ; enfin, en calculant la distance de Corbeil à Montereau sur les profils relevés par MM. les ingénieurs en chef Courtois, Arnollet et Desfontaines, profils qui, d'après la configuration topographique de la vallée, ne peuvent contenir d'erreur importante, on arrive au chiffre de 358,381 mètres pour la détermination de la distance de Paris à Dijon par la ligne de l'Yonne et de l'Armançon ; mais il ne faut

(1) Mémoire de M. Arnollet, page 56.

pas oublier que, dans les éléments de ce calcul, figurent, pour les trois quarts, les indications données par M. Polonceau lui-même, qui ne déclarait que 352,000 mètres; cette erreur très-grave est telle, qu'en admettant le chiffre de 361 kilomètres que le comité de l'Yonne présentait à la commission d'enquête de la Côte-d'Or, comme étant la distance de Paris à Dijon par l'Armançon, on est très-probablement encore au-dessous de la vérité.

Longueur du tracé par la Marne et par l'Aube.

Maintenant, d'après les rectifications nouvelles faites par les ingénieurs du gouvernement, le parcours de Paris à Dijon, pour la ligne par la Marne et par l'Aube, se trouve réduit à 344 kilomètres (1); ce dernier tracé a donc 17 kilomètres de moins que celui de l'Yonne.

Quant à la ligne par la bassse et la haute Seine, les études et les rectifications récentes indiquées ci-dessus rendent ce tracé encore plus court que le tracé par l'Yonne et l'Armançon.

Longueur du tracé mixte par la Marne et la haute Seine.

Au surplus, le tracé par la basse Seine paraît aujourd'hui abandonné (2) pour le tracé mixte dont nous avons détaillé plus haut toutes les parties. Ce tracé, qui suit la Marne, le Morin et la haute Seine (3), est considérablement plus court que toutes les autres lignes; il n'a que 319 kilomètres de parcours seulement, et présenterait ainsi une première économie de 42 kilomètres sur la ligne par l'Yonne et l'Armançon, qui en a 361.

On sait d'ailleurs que la jonction future entre le Havre et la Méditerranée étant indispensable, les tracés par la Marne et le Morin présenteront, en tout état de cause, une autre économie de 10 kilomètres, parce que leur gare d'entrée, barrière des Vertus, n'est éloignée que de 3 kilomètres du débarcadère du chemin de fer de Rouen, et que de ce débarcadère au lieu d'arrivée des lignes de la basse Seine et de l'Yonne, il y a 13 kilomètres. Le projet mixte présenterait donc, comparativement à la ligne de l'Yonne et de l'Armançon, 52 kilomètres d'économie. C'est ici qu'il convient de rechercher à quelle somme s'élèverait cette économie.

Prix d'établissement des chemins de fer.

La dépense d'établissement des chemins de fer a été l'objet de bien des évaluations diverses; cela devait être : le mot *chemin de*

(1-2) Voir Rapport de la Commission d'enquête de l'Aube. — Troyes, 20 décembre 1842.

(3) Voir page 9.

fer ne représente pas une chose toujours identique comme unité. Le chemin de fer de Montrond à Montbrison a coûté quinze mille francs le kilomètre ; le chemin de fer de Blackwall coûtera, d'après le devis de M. Stephenson, trois millions le kilomètre : certes, ces deux ouvrages n'ont de commun que le nom. En France, et pour les grandes lignes à établir, ce qui doit faire l'objet des évaluations pratiques, c'est un chemin de fer à double voie, d'une construction solide et régulière, à pentes de 5 millimètres au plus, à courbes d'au moins 500 mètres, et par exception, mais de 1,000 mètres en général, avec les ponts de passage qu'exige le maintien de la libre circulation, et ayant d'ailleurs les bâtiments et le matériel nécessaires pour l'exploitation en grand.

M. Bineau, dont l'opinion a un grand poids, a évalué à 1,200,000 fr. la lieue de chemin de fer établie d'après ces bases. D'un autre côté, l'administration paraît avoir adopté l'évaluation de 1,400,000 fr. Enfin, M. Stephenson a porté cette évaluation à 1,434,800 fr. (1). L'autorité du célèbre ingénieur anglais, qui a construit plus de 300 lieues de railways, est très-imposante sans doute, mais il peut être permis de faire observer d'abord que, jusqu'à ce jour, on n'a pu, en France, restreindre à ce dernier chiffre l'ensemble des dépenses d'établissement d'un chemin de fer de premier ordre partant de Paris (2) ; que, d'un autre côté, les intérêts des fonds, pendant la durée des travaux, accroissent les dépenses dans une proportion considérable, dont il n'a pas été assez tenu compte ; qu'enfin la simultanéité de l'exécution des lignes peut, d'ici à quelque temps, élever le prix du bois et des autres matériaux.

Le chiffre de 1,500,000 fr. par lieue paraît donc pouvoir être proposé comme chiffre normal en moyenne ; puisse-t-il ne pas

(1) Voir le mémoire publié par M. Robert Stephenson, sur le chemin de fer de Paris à la frontière belge. — Voici les chapitres d'évaluation : terrassement et travaux d'art, 149,000 fr. le kilomètre. — Achat de terrains et stations, 62,500 fr. — Voie de fer, 125,000 fr. — Matériel, 31,000 fr. — Total, 358,700 fr. le kilomètre.

(2) Les chemins de fer près de la frontière, tels que ceux de Strasbourg à Bâle et d'Alais à Beaucaire, sont dans une condition tout-à-fait exceptionnelle. Cependant, leur prix d'établissement se rapproche du chiffre de M. Bineau.

être dépassé. Un habile ingénieur, dont l'expérience pratique est très-grande, et qui a dirigé en France d'importants travaux de chemin de fer, a établi *ex professo* qu'il était presque impossible de fixer à l'avance le chiffre des frais de construction des railways (1). Cette opinion peut influer encore sur l'admissibilité d'un chiffre basé sur l'expérience acquise jusqu'à ce jour.

Comparaison des dépenses des quatre projets.

Si on accepte cette base, on trouve qu'il y aurait, sur les dépenses d'établissement du chemin de fer de Paris à Dijon, une économie de plus de vingt millions à préférer à la ligne de l'Yonne le tracé mixte par la Marne et la haute Seine. Ce serait également par millions que l'on compterait les économies résultant de la préférence qui serait donnée aux tracés par la Marne et l'Aube ou par la Marne et la Seine. Ce n'est pas tout : l'allongement du trajet d'un kilomètre de chemin de fer, dont on pouvait éviter la construction, entraîne annuellement la perte que voici :

1° Intérêt du capital inutilement dépensé. . . .	18,750
2° Frais d'entretien, d'exploitation et de traction (2).	18,000
3° Amortissement.	3,750

Soit, en chiffres ronds, 40,000 fr. de perte par kilomètre, et, pour 52 kilomètres, plus de deux millions de perte par an, somme égale peut-être au tiers du bénéfice annuel réalisable sur la ligne entière d'un tracé de 80 lieues. On doit en outre ajouter à cette perte tout ce que l'accroissement de parcours éloigne du chemin de fer, ce qui, particulièrement pour les marchandises et surtout pour le transit, peut causer à notre pays un préjudice énorme et à jamais irréparable.

De la discontinuité de direction des tracés.

Si la règle qui veut qu'on fasse suivre, en général, aux chemins de fer la ligne la plus courte et la moins dispendieuse est hors de toute contestation, il y a un autre principe non moins élémentaire : c'est que la direction des tracés doit être aussi continue que possible dans le même sens; que toute direction circulaire qui augmente du quadruple, par exemple, la distance qui existe naturellement entre les deux extrémités du circuit, est tout à fait dé-

(1) Des frais de construction et d'exploitation des chemins de fer, par M. Perdonnet, professeur du Cours de Chemins de fer à l'École centrale, l'un des ingénieurs du chemin de fer de Versailles. — Paris. 1840.

(2) Voir Sganzin et MM. Minard et Bineau.

fectueuse et doit absolument être rejetée comme exposant cette section de chemin de fer à un abandon et à un délaissement général.

On peut hardiment porter le défi de citer, sur aucune partie de la surface du globe, une seule ligne de chemin de fer revenant sur elle-même à angle aigu, et parcourant 75 kilomètres pour franchir une distance de 20 kilomètres. Il était réservé au tracé de l'Yonne de présenter cette difformité phénoménale. En effet, on a vu que l'impossibilité ou la difficulté de percer le Mont-Afrique, et la nécessité de passer par Dijon, en exécution de la loi de 1842, ont réduit les auteurs de ce tracé à suivre, pour aller de Pont-d'Ouche à Beaune, l'énorme circuit que décrit la vallée de l'Ouche, et de parcourir ainsi 75 kilomètres pour franchir la faible distance de 20 kilomètres environ qui sépare les deux points ci-dessus. Les résultats infaillibles de l'adoption de cet inqualifiable tracé seraient d'établir, surtout pour les voyageurs, une véritable solution de continuité dans la ligne de chemin de fer entre Lyon et Paris. Un omnibus de Beaune à Pont-d'Ouche coûterait cinq fois moins que le chemin de fer et franchirait cette distance deux fois plus vite. On a cherché à établir que la perte de temps ne serait pas aussi considérable qu'on le supposait ; on n'a pas même essayé de contester la perte d'argent. Que dire d'un tracé si mal combiné que, sur 18 lieues 1|2 de son parcours, le chemin de fer proposé ne pourrait pas même lutter avec un omnibus ? L'adoption d'un tel tracé n'est donc pas supposable : elle constituerait, dans le système général d'établissement de nos chemins de fer, une faute irréparable et telle qu'en pareille matière on n'en pourrait citer un seul exemple au monde.

On comprend bien, toutefois, que la direction matérielle d'un tracé, quelque défectueuse qu'elle puisse être, n'est pas la seule chose à considérer. L'examen de la théorie de l'extension circulaire et indéfinie des chemins de fer soulève des questions bien plus importantes encore et qu'il convient maintenant de discuter.

C'est particulièrement par rapport aux populations intermédiaires qu'on a constamment essayé de justifier des prolongements ou des déviations de tracés de chemins de fer. Les défenseurs du système extensif n'ont reculé devant aucune des conséquences de leurs principes ; on les a vus défendre tel projet qui prolongeait de 43 lieues le parcours de 120 lieues de Paris à Strasbourg ; on les a vus soutenir que les grandes villes, points extrêmes des chemins de fer de premier ordre, telles que Paris, Lyon et Strasbourg, devaient être sacrifiées à des villes intermédiaires, telles que Sens, Joigny et Semur en Auxois. Bien que ce système extensif soit universellement repoussé, il faut bien se résoudre à le discuter. Constater les conséquences d'une telle théorie, c'est, à coup sûr, le meilleur moyen de la faire apprécier à sa juste valeur.

Théorie de l'extension circulaire et indéfinie des tracés

La distance parcourue étant la base des tarifs, on conçoit que tout prolongement de parcours qui aurait pu être évité soumet celui qui le subit à un véritable impôt de temps et d'argent au profit de celui pour qui le prolongement a été consenti. Les marchandises sont aussi frappées de cet impôt. En admettant que la moyenne des tarifs soit, par chaque kilomètre, de 10 c. par voyageur et de 18 c. par tonne de marchandises, ce qui est le tarif du chemin de fer de Rouen, un prolongement de parcours de 42 kilomètres établit un surcroît de dépense de 4 f. 20 c. par voyageur et de 7 fr. 56 c. par tonne de marchandises.

Ainsi dégagée de tout ce qui l'obscurcit, la question se présente dans toute la nudité de ses conséquences; elles sont tellement choquantes, que leur exposé seul suffit pour juger le débat. Est-il juste de mettre au profit de la vallée de l'Yonne un impôt de plus de 4 fr. par voyageur de Paris à Lyon, et de plus de 7 fr. par tonneau sur les marchandises qui font le même trajet?

Il ne faut pas oublier que, pour celles-ci, l'entrée à Paris par la gare d'Orléans les soumettrait à une autre augmentation de dépense de 3 fr. par tonne pour le surcroît de trajet de cette gare, soit à l'entrepôt, soit au débarcadère du Havre. Est-il équitable, est-il raisonnable de frapper tout le commerce de Paris, de Lyon et de l'Alsace, d'un impôt aussi lourd au profit de Joigny, Sens et Semur en Auxois?

L'augmentation des dépenses de premier établissement et les surcroîts de charges imposées aux marchandises et aux voyageurs ne sont point le principal point de vue sous lequel il faut considérer les prolongements de parcours. L'extension des tracés éloigne des chemins de fer des quantités considérables de marchandises et détermine beaucoup de voyageurs à prendre d'autres modes de transports; ce sont là les plus désastreuses conséquences des prolongements qu'on aurait pu éviter. Ces résultats sont très-fâcheux, soit pour le commerce intérieur, soit pour le grand commerce d'importation ou d'exportation, 7 fr. 56 c. en plus sur les frais de transport d'une tonne de marchandises peuvent porter un coup mortel aux expéditions d'une certaine catégorie, rendre impossible toute concurrence pour le commerce français à l'étranger, et frapper ainsi de stérilité de nombreux débouchés. Les faits et les exemples abondent pour le prouver.

Ainsi, on voit que de nombreuses négociations diplomatiques, suivies par la France avec persévérance, n'ont eu d'autre but que la suppression d'un droit de tonnage bien inférieur au surcroît de charges dont il vient d'être parlé (1). Des traités importants ont été conclus dans ce but (2). Pour Marseille, la suppression du droit de tonnage de 4 fr. 12 c. sur les bâtiments étrangers a été jugée indispensable pour que cette ville pût soutenir la concurrence des ports francs de Gênes, Trieste et Livourne. (Ordonnance du 10 septembre 1817.)

Ce n'est pas tout : le gouvernement a successivement réduit les tarifs sur les canaux, de manière à ce que les droits de navigation dépassent à peine les frais d'entretien.

En présence de tous ces faits, concevrait-on que, par une inconséquence inexplicable, on soumît volontairement les marchandises des trois plus importantes voies commerciales du pays, à un surcroît de charges qu'on pourrait éviter, et qui s'élèverait à près de 8 fr. par tonneau.

Pour tout ce qui concerne le transit, cette considération a une telle importance, qu'il nous paraît nécessaire d'entrer à cet égard dans quelques développements.

Du transit.

La France, par sa position centrale sur le continent, est de tous les pays de l'Europe celui auquel le transit doit rendre le plus de

(1) Recueil des traités de commerce de la France avec les puissances étrangères, par M. le comte d'Hauterive et M. le chevalier de Cussy.

(2) 24 juin 1822; Convention de navigation avec les États-Unis pour la suppression successive de tous droits de tonnage.

26 janvier 1826; Convention de navigation avec la Grande-Bretagne, pour suppression toute surtaxe de pavillons, comme droit de tonnage, de port, etc. — 16 juin 1832 - 2 juin 1834, réduction à 1 fr. du droit de tonnage spécial sur les navires des deux pays, employés à l'intercourse.

Pour ce qui concerne l'Espagne, voir la Convention explanatoire du 2 janvier 1768, en exécution du pacte de famille du 15 août 1761.

services (1). Établi par Colbert, supprimé après la mort de ce grand homme, à cause des fraudes du commerce, il fut rétabli en 1803 avec un cortége de dispositions restrictives qui en paralysaient le développement, et qui ont été successivement rapportées.

Aujourd'hui, le transit multiplie nos relations commerciales, augmente le nombre des navires en charge dans nos ports, laisse après lui des salaires importants et des prix de fourrages et de transport qui constituent une véritable exportation; chaque année il prend de l'extension. En 1841, les marchandises étrangères expédiées en transit par la France, et qui ont consommé leur destination pendant cette année, se sont élevées à 334,739 quintaux métriques représentant une valeur de 203,153,638 fr. (2). Ce dernier chiffre est celui des évaluations officielles et fixes établies, conformément à l'ordonnance du 22 novembre 1826, pour les tableaux de statistique de douane; mais les valeurs réelles sont supérieures: ainsi les soies gréges sont cotées dans les tableaux à un prix constant et uniforme de 45 fr. le kil., tandis que le prix réel et moyen de cette marchandise a été bien plus élevé depuis longtemps (3). Les cotons, les chanvres, etc., qui figurent dans les relevés du transit pour plus de 78,000 quintaux métriques, sont aussi dans ce cas (4). Au surplus, même en adoptant les évaluations officielles, on conçoit qu'il est du plus haut intérêt pour la France de conserver et d'accroître, s'il est possible, un commerce de transport qui s'exerce sur plus de 33,000 tonneaux de marchandises, représentant une valeur qui dépasse 203,000,000 fr. Le gouvernement a pris, depuis quelques années, plusieurs mesures dans ce but (5); il a restreint les prohibitions et augmenté les

(1) Du Gouvernement considéré dans ses rapports avec le commerce, par F.-L.-A. Ferrier. — Paris, 1821.

(2) Tableau général du commerce de la France, avec ses colonies et les puissances étrangères, pendant l'année 1841. — Paris, Imprimerie royale. Octobre 1842.

(3) Archives statistiques du Ministère des Travaux publics, de l'Agriculture et du Commerce, publiées par le Ministre Secrétaire d'État de ce département. — Paris, Imprimerie royale. (Tableau n° 21.)

(4) Dictionnaire du Commerce et des Manufactures. — Paris, Guillaumin, 1839.

(5) Code des Douanes, par M. Bourgat. — Paris, 1842.

facilités de transit; enfin, une ordonnance du 13 décembre 1842 a supprimé le droit de transit de 25 cent. par quintal métrique, ou de 15 cent. par 100 fr., établi par la loi du 9 février 1832. Ces redevances étaient bien modérées sans doute; elles ne constituaient qu'un simple droit de balance; toutefois, cette suppression est sage, et les mesures récentes ont été universellement approuvées. Voici pourquoi :

L'établissement régulier de la navigation à vapeur sur le Rhin, et la prochaine extension des chemins de fer de Belgique, depuis Liége jusqu'à Aix-la-Chapelle, ont pu faire craindre que le transit ne fût détourné de sa voie habituelle par la France, et que les marchandises suisses, par exemple, qui forment plus du quart du transit sur notre territoire, au lieu d'être chargées au Havre, ne fussent expédiées par les ports d'Anvers et d'Ostende, pour les États d'outre-mer (1). Les États-Unis, l'association allemande, l'Angleterre, fournissent la plus grande partie du surplus du transit par la France (2); or, ce sont précisément les pays qui pourraient essayer d'autres voies. Il faut donc que la France, pour conserver cet important et utile commerce de transport, apporte tous ses soins à ne pas grever de frais inutiles le parcours des marchandises sur son territoire.

Pour les chemins de fer, cette question est d'autant plus importante, que chaque tonne de marchandises en transit parcourt, en

(1) V. Exposé du Mouvement commercial entre la Suisse et la France, pendant l'année 1840, par le Dr Gonzenback, secrétaire d'État de la Confédération Suisse. — Berne, chr. Fisher, 1842.

(2) Voici un extrait des tableaux officiels.

Les États suivants ont fourni au transit par la France, savoir :

		fr.		fr.
Suisse	Provenance.	76,366,921	Destination.	49,316,351
Association allemande	—	28,454,572	—	2,812,892
États-Unis	—	14,855,652	—	52,528,877
Angleterre, y compris Malte, Gibraltar et les îles Ioniennes	—	30,755,498	—	58,956,945
États Sardes	—	22,281,205	—	8,197,710
Belgique	—	10,998,656	—	4,628,204
Espagne, y compris les Canaries et les îles Baleares	—	1,994,959	—	13,140,330

moyenne, 500 kilomètres. Pour chacun des chemins de fer de Paris à Lyon et à Strasbourg, et de cette dernière ville à Lyon, les transports indispensables sont évalués à 50,000 tonneaux, parcourant la longueur entière de la ligne ; le tiers de ces transports pourrait être fourni par le transit.

Maintenant, lorsqu'on voit le gouvernement se préoccuper de l'existence de droits de transit de 25 cent. ou de 15 cent., et en prononcer la suppression avec l'approbation universelle, dans le but de conserver à la France son commerce de transit, comprendrait-on que, par l'extension irréfléchie de nos deux principaux chemins de fer, le transit, sur ces voies, fût grevé d'un surcroît de frais de parcours de 10 fr. ou de 7 fr. par tonne ; et cela au moment où la Belgique fait, dans ses tarifs, une réduction de 20 pour 100 sur les marchandises qui circulent en transit sur ses chemins de fer (1). La conservation du transit dont la France est en possession, et l'intérêt du commerce extérieur et intérieur réclament une décision semblable. Il n'est pas possible de penser que ces considérations n'aient pas un grand poids dans le jugement des Chambres.

Pour que les conséquences désastreuses des prolongements de parcours sur les chemins de fer fussent en partie palliées, il faudrait que le tracé le plus long traversât les localités les plus actives, les plus industrieuses et les plus commerçantes ; il faudrait que les populations de ces localités, privées jusqu'alors de moyens de transport, pussent, par la nature et la quantité de leurs produits, contribuer utilement à la prospérité d'un chemin de fer.

Sous ce triple rapport, la ligne de l'Yonne ne peut soutenir la comparaison avec les autres tracés.

De la population des localités traversées par le tracé de l'Yonne.

On a beaucoup insisté en faveur du tracé par l'Yonne et l'Armançon, sur ce que le département de l'Yonne était plus peuplé que le département de l'Aube, et cela est vrai ; mais on s'est bien gardé de dire que ce dernier département n'ayant que 609,000 hectares d'étendue territoriale, tandis que le département de l'Yonne présente une superficie de 728, 747 hectares (1), chacun

(1) Voir le Tarif belge du 22 mars 1842.

(2) Statistique de la France, publiée par le Ministre des Travaux publics, de l'Agriculture et du Commerce. Territoire.. Population. — Paris, Imprimerie royale. 1837.

de ces deux départements n'est pas comparativement beaucoup plus peuplé que l'autre.

Ce n'est pas d'ailleurs le chiffre même de la population des localités qu'il faut comparer; c'est surtout la nature de sa composition : or, le département de l'Yonne n'a qu'une population essentiellement agricole et vinicole, dont la richesse consiste presque exclusivement en céréales, en bois, en charbons et en vins. On sait que ces vins, comme tous ceux de la Bourgogne, ne s'exportent pas. Les belles et grandes voies de navigation que possède ce département lui permettent de transporter ces marchandises à un prix cinq fois moindre (1) que par un chemin de fer; dès lors il est évident que le département de l'Yonne ne fournirait que peu de transports au chemin de fer de Paris à Lyon. Il convient de reconnaître toutefois que la sphère d'influence et d'action d'un railway s'étend à une zone dont on a controversé la limite, mais qui, évidemment, doit faire comprendre le département de a Nièvre dans les localités qui, en cas d'adoption de la ligne par Joigny, Tonnerre et Semur en Auxois, pourraient affluer au chemin de fer. Malheureusement, les parties est et nord de ce département sont les plus rapprochées de cette ligne; ce sont précisément celles qui sont couvertes de bois, sans population commerçante, sans industrie, sans activité de circulation (2); c'est là même un des graves inconvénients de la ligne de l'Yonne, que d'exercer son action latérale sur trente lieues de pays, au pied des forêts et des montagnes du Morvan; car la pire condition dans laquelle puisse être placé un chemin de fer est de n'avoir d'activité de circulation que sur un des côtés de sa direction.

Enfin, la ligne de l'Yonne présente aussi cette fâcheuse circonstance, qu'elle ne traverse ni n'approche aucune ville d'une grande importance commerciale. De Sens à Dijon, c'est-à-dire sur 50 lieues de parcours, ce désavantage est plus sensible encore, puisque, sur toute cette étendue, la ligne ne rencontre que 8 petites villes sans industrie, dont les 4 plus fortes, Villeneuve-

(1) Des intérêts matériels en France, par M. Michel Chevalier. — Paris, 1840.

(2) Voir Annuaire de la Nièvre, pour 1843. — Nevers, chez Nicolas et Fay, imprimeurs de la Préfecture.

le-Roi, Joigny, Tonnerre et Semur en Auxois ont de 4 à 5,000 âmes, et dont les autres, Saint-Julien-du-Sault, Briénon-l'Archevêque, Ancy et Pouilly en Auxois, ont de 1,100 âmes et 1,400 âmes, à 2,500 âmes environ.

Du parcours partiel.

C'est ici qu'il faut faire observer que ces circonstances sont d'autant plus graves et d'autant plus fâcheuses pour la ligne de l'Yonne, que, sur les chemins de fer d'une grande étendue, le parcours partiel devrait prendre un grand développement (1); pour des distances telles que celles du Havre à Lyon, ou de Paris à Lyon, le parcours total devait presque disparaître devant les chiffres du parcours partiel. — Quels produits, cependant, pourrait-on raisonnablement espérer d'un tracé qui, sur 50 lieues de pays, présente des conditions pareilles, surtout lorsque le voisinages des montagnes et des bois du Morvan vient accroître ces inconvénients?

De la population des localités traversées par le tracé mixte et le tracé de l'Aube.

Le tracé mixte, par la Marne et la haute Seine, approche ou dessert Meaux, Troyes et Châtillon, présentant ainsi, à des intervalles à peu près égaux, de grands centres d'activité commerciale et de population, et des points très-heureusement distancés pour recevoir les stations générales et les grands ateliers de réparation.

Le tracé par la Marne et l'Aube participe à ces avantages. Tous les deux sont placés de manière à étendre leur action et leur influence sur les vallées de la Marne et de la Seine; il convient donc d'examiner la statistique commerciale de ces parties de la France.

Meaux présente un mouvement énorme de voyageurs. Le nombre en a été évalué à 426,000 (2) par année. — Les expéditions de marchandises sur Paris s'élèvent à 258,000 tonnes (3). Les établissements industriels de cet arrondissement sont nombreux et remarquables. Le mouvement de la circulation entre Lagny et Paris est triple de celui que présentait Corbeil avant l'établissement de son chemin de fer. Coulommiers et les villes de cet ar-

(1) Des Travaux publics en Belgique, par M. Teysserenc. — Paris, 1839, page 100. — Voir aussi M. Minard.

(2) M. Teysserenc, page 208.

(3) Voir les relevés statistiques présentés par MM. les ingénieurs Mony, Flachat, Petiet et Tourneux, — Paris, 1841.

rondissement ont une circulation double de celle qu'avait Fontainebleau avant la même époque; les produits de la belle papeterie de Courtalin, où se fait le papier parchemin pour les gargousses de la marine; ceux des importantes papeteries du Marais; les cuirs, les laines de l'arrondissement de Coulommiers (1), fourniraient d'importants transports à une ligne de chemin de fer.

Le département de l'Aube présente une très-grande activité industrielle. Dans l'arrondissement de Bar-sur-Aube, 223 établissements tels que verreries, forges, distilleries, faïenceries, huileries, etc., employant près de 4,000 ouvriers et produisant 10,464,660 fr., sont constamment en activité. Un mouvement annuel de 3,000 voitures publiques et de 8,215 chariots de roulage transportant les tissus, les produits de la verrerie de Bayel et des forges de Clairvaux (2), une production importante de laines et de bestiaux, tel est le tableau exact de la circulation et de l'industrie de cet arrondissement. Aube.

Dans l'arrondissement d'Arcis-sur-Aube, nombreuses manufactures et fabrique de bonneteries, notamment celles de Charny, Châtres, Chavanges, Méry, Plancy, Saint-Oulphe et Saint-Cyre. Dans l'arrondissement de Bar-sur-Seine et de Nogent, des papeteries renommées (Villeneuve), des verreries, des exploitations de marbre, des manufactures de bonneteries et d'aiguilles, des teintureries.

Enfin, dans l'arrondissement de Troyes, un chiffre général de 62,151,000 fr. par an, pour le commerce de Troyes seulement (3), une circulation de voitures de roulage, employant 1,800 colliers par jour et transportant 438,730 tonnes de marchandises par an; 61 diligences emportant annuellement 175,000 voyageurs. Dans l'arrondissement de Troyes, pris dans son ensemble, des filatures employant 2,019 ouvriers et faisant tourner 70,200 broches; des teintureries occupant 192 cuves; des blanchisseries agissant sur 252,000 douzaines de pièces de bonneterie et sur 1,440,000 mètres de tissus; enfin des papeteries, des tanneries et une multitude d'établissements industriels créant pour

(1) Voir la Statistique de cet arrondissement, par M. Dubarte.

(2) Renseignements statistiques officiels du 8 octobre 1842.

(3) Voir le tableau n° 1 de la brochure de la Chambre de Commerce de Troyes.

18,010,600 fr. de produits manufacturés : tel est le tableau du mouvement des affaires commerciales, de l'industrie et de la circulation du seul arrondissement de Troyes.

Arrondissement de Châtillon (Côte-d'Or).

L'arrondissement de Châtillon-sur-Seine, que traverse ensuite le tracé mixte, est couvert d'usines. Forges, hauts fourneaux, martinets, clouteries, tôleries, papeteries, tanneries, sont partout en activité ; 27 grands établissements principaux donnent à l'industrie métallurgique et au commerce de cet arrondissement une très-grande importance. Il n'est pas besoin de faire ressortir tous les avantages que présente, pour un chemin de fer, la traversée d'une ville comme Châtillon et d'un arrondissement qui fournirait nécessairement de nombreux transports de fer, de houille et de marchandises de tout genre. De grands ateliers de réparation du matériel de la ligne et des locomotives seraient utilement placés à Châtillon, et facilement organisés en raison des ressources de tout genre que présentent les localités sous ce rapport.

Le tracé mixte par la Marne et la haute Seine, et le tracé par la Marne et l'Aube, exerçant leur action sur les départements de la Marne et de la Haute-Marne, dont ils traversent d'ailleurs le territoire, on doit rechercher quel est le mouvement de ces deux départements. Cet examen conduit à reconnaître que le département de la Haute-Marne livre au commerce plus du quart des fers qui se fabriquent en France, et plus de moitié si l'on compte les groupes métallurgiques dont ce département fait partie (1). Ces établissements ont une grande difficulté à s'approvisionner de combustibles (2). Un chemin de fer qui faciliterait pour eux le transport des houilles abaisserait le prix de revient de leurs produits, ce qui profiterait à toutes les industries de la France, qui se partagent la consommation de ces fers. Cette considération est d'autant plus puissante, que tout le désavantage de la France, dans la fabrication du fer, consiste dans les frais de transports nécessaires pour rapprocher les matières à mettre en contact (3).

Haute Marne.

(1) Rapport de la Commission d'enquête de la Haute-Marne.

(2) Mémoire sur la statistique minéralogique du département de la Haute-Marne, par MM. Rozière et Haury, ingénieurs des Mines.

(3) De l'enquête sur les fers, et des conditions du bon marché permanent des fers en France, par M. J.-J. Baude. — Paris, 182[illegible]. — Voir aussi l'enquête sur les fers. — Paris, Imprimerie royale. 1829.

Le département de la Marne a un mouvement d'industrie encore plus étendu et plus varié. Ses vins, objet important d'exportation, qui représentent chaque année une valeur de trente millions, emploieront principalement la voie du chemin de fer pour arriver au moment de l'expédition des navires (1). Ses laines, ses tissus, ses nombreux et divers produits manufacturés retireraient également de grands avantages d'un chemin de fer placé à une certaine portée des fabriques de ce département, et fourniraient des transports importants pour cette ligne. La population active, industrieuse et commerçante des départements de l'Aube, de la Marne et de la Haute-Marne, dont la circulation est considérable et incessante, fournirait d'ailleurs, ainsi que l'arrondissement de Châtillon, de nombreux voyageurs au chemin de fer de l'Aube, de la haute Seine et de la Marne.

En résumé, dans l'Yonne et la Nièvre, peu d'activité commerciale, une population essentiellement agricole, et par conséquent peu mobile : des marchandises qui, par leur nature, préféreront toujours aux transports par les chemins de fer les transports, beaucoup moins dispendieux, par les voies de navigation, dont ces deux départements sont amplement pourvus. Dans l'Aube, dans la Haute-Marne et la Marne, dans l'arrondissement de Châtillon, au contraire, point de canaux à longs parcours dans la direction du chemin de fer à construire; des marchandises qui, par leur nature, emploieront nécessairement la voie du chemin de fer; une population active, industrieuse ; une circulation incessante de voyageurs, comme dans toutes les localités commerciales ; tels sont les résultats comparés de la statistique des localités intéressées ; ils sont tels qu'assurément le jugement à porter sur le débat ne semble pas devoir être douteux sous ce rapport.

Une considération importante peut d'ailleurs contribuer encore au rejet de la ligne de l'Yonne : les localités que traverserait ce projet sont déjà fort abondamment pourvues de moyens de transport ; des lignes de canaux de premier ordre ; des rivières formant de grandes voies de navigation; de nombreuses routes royales sont réunies et concentrées dans les vallées de l'Yonne,

(1) Voir le Rapport de M. le Préfet de la Marne au Conseil général de ce département, dans sa deuxième session de 1841.

de l'Armançon et de l'Ouche. Est-il sage d'y placer encore un chemin de fer? De puissants motifs de haute équité gouvernementale ne s'opposent-ils pas à ce qu'il en soit ainsi? La contiguïté des canaux et des chemins de fer ne doit-elle pas établir une concurrence désastreuse pour ces entreprises et pour le pays? Ces questions importantes méritent un examen particulier.

De la juxtaposition des canaux et des chemins de fer.

Les canaux présentent-ils, en général, plus d'avantages que les chemins de fer (1) pour le transport des marchandises? Les hommes spéciaux se sont divisés à cet égard. Suivant les uns, l'excellence des canaux et leur supériorité sur les chemins de fer serait évidente, principalement dans les longs parcours; la voie des transports par eau serait la plus économique, et présenterait un avantage de cinq contre un sur les chemins de fer (2). Les tarifs de la plupart des canaux de l'Etat semblent justifier cette assertion, car on voit, par exemple, qu'une tonne de houille paye par kilomètre :

Sur le canal de Bourgogne . . . . 2 centimes.

Sur le canal du Rhône au Rhin . . . . . 1 centime,

taux auquel, certainement, jamais aucun chemin de fer ne pourrait abaisser ses tarifs (3).

Cependant, des écrivains dont l'autorité est grande, et notamment M. Blanqui, ont donné des évaluations d'après lesquelles le transport des marchandises par les canaux et les rivières coûterait bien plus que par les chemins de fer; la proportion serait à peu près de 41 à 29 en moyenne. Ces résultats sont très-contestables : ils tiennent à ce qu'on a exagéré les dépenses accessoires

(1) Mémoire sur les grandes routes, les chemins de fer et les canaux de navigations, par M. F. de Gerstner, avec une introduction par M. J.-S. Girard. — Paris, 1827.

Sur l'avantage de substituer les chemins de fer d'une construction améliorée à plusieurs canaux navigables projetés en France, par M. Joseph de Baader. — Paris, 1829.

(2) Des intérêts matériels de la France, par M. Michel Chevalier.

Voir aussi MM. Lamé et Clapeyron, et l'intéressant et bel ouvrage de M. Pillet-Will, sur les canaux.

(3) Sur le chemin de fer de Rouen, le tarif par kilomètre et par tonne de houille est de 18 centimes. — (Voir loi du 15 juillet 1840.)

aux transports par eau et qu'on y a fait entrer, par exemple, les droits de commission, d'emmagasinage, de transport dans Paris et jusqu'au bénéfice du marchand; assurément ce sont là des charges dont l'expédition par les chemins de fer ne dispensera pas du tout.

Mais, sans discuter davantage la question du bon marché comparatif des voies de navigation et des chemins de fer, on peut se borner à constater que, dans toutes les localités où des chemins de fer ont été placés près des canaux, cette concurrence a été funeste ou au moins très-préjudiciable à l'une ou à l'autre voie de transport.

En voici plusieurs exemples.

Depuis l'établissement du chemin de fer de Liverpool à Manchester, les actions des canaux de Bridgewater et de Mersey and Irrel ont subi une baisse de 66 p. °/₀. On a également constaté que toute augmentation de tonnage sur les chemins de fer de Londres à Birmingham, sur le Grand-Junction Railway et sur toutes les lignes au nord et à l'ouest de Londres, entraînait une baisse immédiate de produits sur les canaux parallèles ou voisins. La compagnie du canal de Manchester à Bolton, qui avait d'abord sollicité et obtenu du Parlement l'autorisation de combler son canal, n'a pas exécuté ce projet, mais elle s'est vue obligée de construire un chemin de fer latéral à sa voie navigable. On voit enfin, en Angleterre, des directeurs de canaux annoncer publiquement la délivrance de primes, aux négociants qui auront fait transporter par eau une certaine quantité de marchandises. En Belgique, des suspensions absolues de navigation ont entraîné la nécessité d'élever les tarifs des chemins de fer. Partout, enfin, le rapprochement des canaux et des chemins de fer a déterminé entre ces deux voies une concurrence qui a été le plus souvent au préjudice de l'une et de l'autre.

Le canal de Bourgogne transporte 140,000 tonneaux de marchandises; ses recettes suffisent à peine pour payer ses dépenses; une certaine diminution de tonnage peut détruire cet équilibre entre les recettes et les dépenses de cette belle et importante voie de navigation, et ajouter ainsi aux charges de l'Etat.

D'un autre côté, comme les produits de la vallée de l'Yonne, tels que les bois, les charbons et les vins continueront, pour la plus grande partie, à cause de leur nature, à préférer la voie par la navigation, il s'ensuivra que ce qui se retirera de cette voie portera un coup funeste au canal, sans être assez considérable pour fournir des transports suffisants au chemin de fer. Il n'est guère possible, en effet, d'échapper à ce dilemme : ou le canal conservera la plus grande partie de ses transports, et alors le chemin de fer n'aura aucun produit latéral, ou bien le railway enlèvera toutes les marchandises au canal, qui succombera.

Ainsi, deux grandes entreprises, qui, convenablement placées, auraient pu avoir une si heureuse influence sur la prospérité du pays, resteraient en partie stériles par leur contiguïté même. Triste conséquence d'autant plus fâcheuse, que la vallée de l'Yonne, en raison de la nature même de sa population, de ses produits et de son territoire, ne pourrait retirer que peu d'avantages d'un chemin de fer, tandis qu'un railway triplerait les richesses des contrées industrieuses et commerçantes de la haute Marne et de la haute Seine.

Théorie des longs parcours communs.

De tous les principes généraux que nous avons discutés jusqu'ici, il n'en est pas un qui présente plus de certitude que celui de l'immense utilité des longs parcours communs à plusieurs lignes. Non-seulement cette communauté de voie sur une très-grande étendue diminue dans une proportion énorme les dépenses de premier établissement des chemins de fer, mais, relativement aux produits des lignes et aux frais de leur exploitation, les longs parcours communs présentent d'incalculables avantages, d'autant plus précieux qu'ils sont perpétuels. Quelque incontestable que soit ce principe, il convient cependant de porter sa démonstration au dernier degré d'évidence, par quelques chiffres et quelques exemples.

Sur une grande ligne isolée, un convoi de 54 voyageurs, au taux moyen de 10 cent. par kilomètres (tarif du chemin de fer de Rouen), rapporte 5 fr. 40 cent. Les frais de traction, d'entretien et d'administration du chemin de fer coûtant 5 fr. 87 c., y compris les droits du trésor, il y aura perte de 47 cent. par kilomètre pour l'entreprise. Ainsi, deux convois de 54 voyageurs, partant de Paris à la même heure, mais par des chemins de fer séparés, l'un pour Lyon, l'autre pour Strasbourg, donneraient une perte d'environ 250 fr. sur chaque ligne.

Qu'on suppose, au contraire, que le parcours soit commun sur un tiers de la longueur, et chaque convoi aura produit un bénéfice.

Deux exploitations onéreuses peuvent donc, par la réunion d'une partie des lignes en tronc commun, donner des produits avantageux et rendre ainsi très-fructueuses deux entreprises qui, séparées, eussent été ruineuses. En Allemagne, en Belgique, on a soigneusement suivi cette règle, et c'est à la scrupuleuse observation de ce principe que ces deux Etats doivent le succès de leurs chemins de fer (1).

Sous le rapport des frais de premier établissement, les troncs communs à plusieurs lignes présentent aussi une économie énorme; 187 kilomètres de parcours commun dispensent d'en établir autant sur un autre point, et par conséquent évitent une dépense de soixante-dix millions environ. On conçoit, d'ailleurs, que l'adoption de ce système avance de plusieurs années le moment où les points extrêmes des lignes peuvent être mis en communication. Cet avantage n'est pas le moindre que présente la combinaison dont il s'agit.

L'ensemble des considérations que nous venons de présenter donne au principe d'établissement des troncs communs, surtout lorsqu'ils n'allongent sensiblement aucune des lignes, une évidence d'utilité tellement irrécusable qu'il semble impossible de le voir méconnaître.

Si donc, comme tout doit le faire admettre, les Chambres jugent que ces considérations de brièveté d'exécution, et d'immense économie de construction et d'exploitation, sont capitales et décisives dans le débat, la ligne de l'Yonne est dès lors exclue de toute compétition. En effet, par l'adoption de cette ligne, tout tracé direct de Paris à Strasbourg, avec long parcours commun à la ligne de Lyon, est hors de possibilité d'exécution. Les auteurs du projet de l'Yonne ont bien senti l'irremédiable infériorité de leur tracé sur ce point, et ses formidables conséquences pécuniaires; mais de même qu'ils avaient présenté comme insignifiant leur circuit de 75,000 mètres (près de 19 lieues), de Pont-d'Ouche à Beaune, de même ils ont résolûment proposé de

(1) M. Teysserenc, page 357.

faire passer par Dijon le chemin de fer de Paris à Strasbourg ; il s'agit de 45 lieues de plus que par la ligne directe, qui en a 120!

Reconnaissons toutefois que ces prétentions paraissent aujourd'hui abandonnées et que l'on veut bien concéder à l'Alsace un chemin direct.

Examinons maintenant les avantages des autres tracés sous le rapport de la facilité d'établissement d'un tronc commun avec la ligne de Strasbourg.

Parcours commun dans le tracé mixte et le tracé par la Marne et l'Aube

On a vu que, par le tracé mixte de la Marne et de la haute Seine et par la ligne de la Marne et de l'Aube, il pourrait être établi un chemin de fer direct de Paris à Strasbourg ; il s'embrancherait soit à Troyes, avec un parcours commun de 160 kilomètres; soit à Brienne ou Lesmont, avec un parcours commun de 187 kilomètres (près de 47 lieues). La combinaison que l'adoption de ces tracés permet de réaliser assurerait donc au pays une économie de 40 ou 47 lieues de chemin de fer, c'est-à-dire 60 à 70 millions ; une plus prompte exécution des trois lignes qui intéressent le plus la prospérité de la France; et enfin tous les avantages permanents qui se rattachent à l'exploitation en commun d'un parcours considérable.

Chemin de fer de Meaux.

C'est ici que l'on doit rappeler que la combinaison dont il s'agit dispenserait en outre de l'établissement d'un chemin de fer de Paris à Meaux; un embranchement d'une lieue et demie y pourvoirait. — Un projet de loi pour la concession de cette ligne a été présenté, en 1841, à la Chambre des députés. Malheureusement, un tracé à extension circulaire, suivant les berges du canal de l'Ourcq, fut préféré par le gouvernement ; le tracé mixte et direct présenté en commun par MM. Baude, Mony, Flachat, Petiet et Tourneux, fut rejeté, quoiqu'il fût incomparablement meilleur (1). L'abandon de l'affaire s'en est suivi ; mais les motifs qui avaient déterminé la présentation du projet de loi subsistent évidemment, et réclameraient prochainement la reprise d'un projet de concession à laquelle la ville de Meaux a tant de droits. On a vu quelle active circulation cette ville donnerait à la ligne qui l'approcherait.

(1) Chemin de fer de Paris à Meaux. Tracé direct présenté par MM. Many, Flachat, Petiet et Tourneux, ingénieurs. — Paris, Mathias, 1841.

Enfin, l'adoption d'un tracé par la Marne éviterait aussi la construction des 13 kilomètres de la barrière de Charenton au chemin du Havre, prolongement très-coûteux qui deviendrait indispensable, si la ligne de l'Yonne n'était pas rejetée.

Après avoir ainsi cherché à établir successivement les principes déterminatifs d'option entre plusieurs tracés de chemin de fer, il nous reste à discuter les prétendus avantages spéciaux et particuliers que la ligne de l'Yonne s'attribue, en dehors des principes généraux d'appréciation. Une note résume ces prétentions; elle paraît avoir été adressée aux conseils-généraux des départements intéressés; elle a été, au surplus, reproduite par les journaux, et notamment par l'*Orléanais;* nous n'aborderons ici que les points qui n'ont pas été déjà discutés.

La ligne de l'Yonne fait valoir d'abord qu'elle partage par égales portions l'intervalle existant entre la ligne de l'Alsace et les chemins aboutissant à la Loire vers le Midi. Cette considération est réellement puérile, et, puisqu'il faut discuter d'aussi étranges pauvretés, on peut se borner à dire qu'il ne s'agit pas de savoir si un tracé divise plus ou moins exactement une étendue de pays, mais bien d'examiner où l'intérêt du pays exige que cette ligne soit placée.

La ligne de l'Yonne fait valoir comme considération décisive en sa faveur qu'elle mettra en communication directe, d'une part les trois grandes lignes de Nantes, de Bayonne, de Bourges, *réunies à Orléans ;* d'autre part, les trois grandes lignes de la Suisse, du Rhône et du Rhin, réunies à Dijon. Déplacer le grand centre commercial de Paris, le transporter arbitrairement à Orléans, ce sont de ces chimères qui n'auront pas grand crédit auprès des gens sérieux et sensés.

Dans ces rêves de déplacement de grands mouvements commerciaux, on ne tient nul compte des impossibilités géographiques et des difficultés matérielles. Pour ne parler que de celles-ci, remarquons que ces projets à perte de vue exigeraient avant tout l'établissement d'un chemin de fer d'Orléans à Joigny, et qu'après l'achèvement de ces 130 kilomètres de railway, il y aurait encore plus loin d'Orléans à Strasbourg, par Joigny et Dijon, que par Paris et le tracé direct.

Assurément, voilà cinquante millions bien employés.

La France plie sous le poids des charges que lui imposent les immenses travaux qu'elle projette. L'exécution de ses chemins de fer exigera près d'un milliard peut-être ; peut-on croire que les Chambres accroîtront de plus de cent millions ces dépenses, en adoptant le tracé de l'Yonne et les projets fantastiques des défenseurs de cette ligne ? Pour ôter à cet égard toute prise au reproche d'exagération, il faut préciser d'une manière inattaquable les résultats comparatifs de l'exécution de chacun des tracés proposés pour le chemin de fer de Paris à Lyon.

Bien que la ligne de l'Yonne exige, comme on l'a vu, plus de grands travaux d'art et plus de dépenses extraordinaires que tout autre projet, admettons qu'il y ait, sur ce point, parité complète entre les lignes présentées. Cette base une fois posée, les calculs comparatifs seront très-faciles.

En effet, la ligne de l'Yonne est plus longue de 42 kilomètres

que le tracé mixte, par la Marne et la haute Seine, ci.	42 kil.	
La ligne de l'Yonne est plus longue de 17 kilomètres que le tracé par la Marne et l'Aube, ci.		17 kil.
Le tracé mixte présentant un parcours commun de 160 kilomètres avec le chemin de fer de Strasbourg, évitera le double établissement de ces 160 kilomètres sur un autre point. La ligne de l'Yonne en exigerait la construction, ci.	160 kil.	
Dans le tracé par la Marne et l'Aube, le parcours commun est de 187 kilomètres, ci.		187 kil.
La voie circulaire destinée à réunir à Paris la ligne de l'Yonne au chemin de fer de Rouen aurait 13 kilomètres ; les tracés par la Marne s'embraucheront à la ligne du Havre par un tronçon de 3 kilomètres, différence en plus pour la ligne de l'Yonne.	10 kil.	10 kil.
Le tracé mixte et le tracé par la Marne et l'Aube dispensent de l'établissement du		
	212 kil.	214 kil.

Report. . . .	212 kil.	214 kil.
chemin de fer de Paris à Meaux. La ligne de l'Yonne laisserait entière la dépense de construction de ce chemin ; ci, défalcation faite des 7 kilomètres d'embranchement de réunion.	38 kil.	38 kil.
Enfin, les défenseurs de la ligne de l'Yonne déclarent que leur système exige l'établissement d'un chemin de fer d'Orléans à Joigny, ci.	130 kil.	130 kil.
Ainsi, par l'adoption du tracé de l'Yonne, on serait entraîné à établir en plus, comparativement au tracé mixte.	380 kil.	
et comparativement au tracé par la Marne et l'Aube.		382 kil.

résultat à peu près identique.

C'est donc 380 kilomètres, ou 95 lieues de chemins de fer, que la France aurait à construire de plus, si le tracé par la vallée de l'Yonne pouvait jamais être adopté de préférence aux tracés par la Marne et la haute Seine ou l'Aube.

95 lieues de chemin de fer coûteraient immanquablement plus de 100 millions, quelle que soit l'évaluation qu'on adopte : en effet, même pour les chemins de fer établis près des frontières, et qui se trouvent, quant au bon marché des terrains, de la main-d'œuvre et des matériaux, dans des conditions favorables tout à fait exceptionnelles, le chiffre de un million par lieue a été dépassé de beaucoup. On sait d'ailleurs que 95 lieues de chemin de fer doivent coûter : d'après les calculs de M. Bineau, 114 millions ; d'après les estimations qui paraissent adoptées par le gouvernement, 133 millions ; et enfin, d'après les évaluations de M. Stéphenson, plus de 136 millions. Il est dès lors évident que la ligne de l'Yonne accroîtrait de plus de 100 millions la dépense de l'exécution générale des chemins de fer en France.

Il faudrait assurément que les avantages de la ligne de l'Yonne fussent immenses pour compenser des surcroîts de dépenses d'une telle énormité ; l'examen approfondi de la question, dans son ensemble, conduit à reconnaître que ces prétendus avantages sont entièrement chimériques.

En effet, le système des défenseurs de la ligne de l'Yonne ne tend à rien moins qu'à déplacer le grand mouvement commercial qui s'étend du Havre à Marseille et à Strasbourg, par Rouen et Paris, pour y substituer une direction nouvelle par Nantes, Orléans, Joigny et Dijon ; c'est là le fond de la pensée des auteurs du projet de l'Yonne ; elle ressort de toutes leurs publications et se manifeste d'ailleurs par tant de voies, qu'il est impossible aujourd'hui de nier que tels sont en effet le but et la portée de la combinaison dont l'adoption de la ligne de l'Yonne n'est que le point de départ.

Il n'est pas possible de croire que les Chambres condamnent la France à faire les frais de ces tentatives, aussi injustes qu'insensées. Injustes, car que ferait-on de plus si le Havre, Rouen et Paris étaient en pays ennemi ? Insensées, car si le Havre fait le cinquième des grandes expéditions commerciales du pays, il le doit à sa position géographique ; essayer de lui enlever cet avantage au profit de Nantes, serait une folie d'autant plus condamnable, que tous les sacrifices imposés au pays dans ce but seraient faits en pure perte.

Le grand cours d'affaires commerciales, qui s'étend de la Méditerranée au Rhin et à l'Escaut, et de la Manche à la Méditerranée, par le Havre, Rouen et Paris, fait la force et la richesse du pays. Cette direction est donc celle dont il convient de se préoccuper principalement, pour l'améliorer autant que possible, et non pour lutter contre elle.

On pourrait, pour compléter cette démonstration, comparer le commerce du Havre, de Rouen et de Paris vers le Rhin et la Méditerranée avec le mouvement commercial de Nantes, d'Orléans et de Dijon vers ces mêmes points. On arriverait à des chiffres tels qu'on se demanderait comment on a pu sérieusement proposer de dépenser cent millions de plus pour favoriser cette dernière voie commerciale, relativement si peu importante, au préjudice de la première grande direction. Mais sans prolonger cette discussion, pourquoi ne pas rappeler qu'en votant la loi de 1842, sur les chemins de fer, les Chambres ont déjà rejeté toutes ces extensions proposées pour de prétendus compléments du système d'ensemble. Nos finances, pour longtemps engagées, commanderont la persistance dans ces restrictions, qui n'ont même pas été peut-être assez sévères. Il est impossible que les Chambres se laissent entraîner à l'adoption d'un tracé qui augmenterait de plus de cent millions les dépenses d'exécution des chemins de fer en France, qui accroîtrait proportionnellement les charges annuelles d'entretien, et qui, sous tous les autres rapports sans exception, présenterait plus de graves inconvénients et bien moins d'avantages que les autres tracés.

Considérations stratégiques.

La grande et importante question de l'établissement des chemins de fer en France a été examinée du point de vue militaire, soit pour la défense du pays en cas d'invasion, soit pour la concentration des forces sur un point donné, dans le cas où une armée française aurait à pénétrer dans des provinces ennemies rapprochées des frontières.

Cette partie de la question a son importance, sans doute; mais, dans cette matière, n'a-t-on pas abusé des considérations stratégiques? Les chemins de fer sont des instruments nouveaux de commerce et de civilisation; c'est donc au point de vue des relations pacifiques des peuples qu'il faut surtout les envisager. La guerre, de nos jours, est un état exceptionnel et violent; les grandes luttes continentales, de nation à nation, ne peuvent désormais être de longue durée; doit on dès lors subordonner uniquement ou principalement une grande œuvre nationale de canaux, de chemins de fer, de ports, etc., à des considérations tirées de la prévision de l'état de guerre? Il ne faut pas oublier d'ailleurs que dans les considérations stratégiques relatives aux chemins de fer, tout est hypothèse; l'expérience des faits manque : aussi, voit-on que les hommes spéciaux eux-mêmes hésitent sur les décisions à prendre, et sont souvent amenés à modifier leurs opinions; ainsi, par exemple, le comité des fortifications avait d'abord exprimé le vœu de voir préférer la vallée du Doubs à celle de la Saône, pour l'établissement du chemin de fer de Dijon à Mulhouse; ce comité est revenu sur la délibération qu'il avait prise à cet égard, et a émis l'opinion que cette dernière vallée était au contraire très-préférable (1); ce même

(1) Lettre de M. le ministre de la guerre à M. le ministre des travaux publics, en date du 31 mars 1841.

comité avait aussi pensé d'abord que le chemin de fer de Paris à Strasbourg devait être établi par Dijon et Mulhouse, ce qui augmentait de 43 lieues un parcours de 120 lieues ; cette idée est abandonnée et maintenant on accorde à l'Alsace un chemin de fer direct. Enfin, on paraît généralement reconnaître aujourd'hui que c'est principalement par le développement du commerce et de l'industrie que les chemins de fer doivent augmenter la puissance et la force du pays, et l'on ne pense pas plus à laisser le ministre de la guerre arbitre absolu des tracés qu'à faire statuer les ministres des travaux publics et du commerce, sur l'adoption d'un plan de campagne.

De tout ce qui précède, il résulte en principe que, sans accorder aux considérations stratégiques une importance exclusive et exagérée, il est sage d'en tenir compte dans une juste mesure, surtout en ce qui se rapporte à la défense du territoire. Sous ce rapport, les hommes les moins compétents n'ont pas été avares de grandes dissertations, formées de lambeaux du chevalier de Folard, du général Jomini, etc. C'est aux hommes spéciaux qu'il convient de laisser la discussion approfondie de cette matière ; on doit se borner à exposer sommairement l'opinion de plusieurs d'entre eux qui pensent qu'il y aurait une immense utilité à pouvoir, en cas d'invasion, concentrer, en Champagne, les forces du midi, du nord, de l'est et du centre de la France ; que, d'ailleurs, la combinaison présentant le plus d'avantages serait celle des tracés qui faciliterait des moyens de jonction rapide et d'envois de prompts secours aux corps d'armée qui opéreraient séparément sur la Moselle, la Meuse ou le Rhin ; qu'enfin les tracés placés en deçà des principales places fortes, ne pouvant être atteints que lorsque l'ennemi aurait dépassé la zone militaire, étaient tous dans des conditions à peu près identiques.

Le tracé mixte et le tracé par la Marne et l'Aube présentent l'ensemble des avantages qui viennent d'être indiqués ; la ligne de l'Yonne présente tous les inconvénients opposés ; les défenseurs de ce tracé ont principalement fait valoir, pour compenser l'inutilité de cette ligne, sous le rapport de la défense du pays, en cas d'invasion, qu'elle serait moins exposée à être coupée par l'ennemi. Cette considération palliative ne parait pas avoir une bien grande valeur ; en effet, sur une étendue de plus de 40 lieues, le tracé mixte n'est éloigné que de 3 à 4 miriamètres du tracé de l'Yonne, et certes ce n'est pas une telle distance qui peut ajouter beaucoup à la préservation d'une ligne ; le tracé par la Marne et l'Aube est un peu plus projeté au nord-est ; mais n'est-il pas évident que si jamais une invasion dépassait les limites de la zone militaire en France, la ligne de l'Yonne ne serait, pas plus que les autres tracés, hors des atteintes des ennemis ; un peu plus ou un peu moins d'éloignement de la frontière est donc à peu près insignifiant sous ce rapport, surtout lorsqu'il s'agit d'une distance de 3 à 4 myriamètres seulement. On voit donc que, même sous le rapport stratégique, la ligne de l'Yonne, loin d'avoir aucune supériorité sur les tracés rivaux, leur est au contraire fort inférieure, soit pour la défense du territoire, soit pour la concentration de nos forces dans le cas où la France porterait la guerre sur le territoire étranger.

Considérations financières.

On pourrait terminer ce travail par l'examen des questions financières qui se rattachent à l'exécution de chacun des tracés rivaux ; mais, dans les devis et tableaux publiés à cet égard, on a fait un tel abus de ce qu'on appelle l'art de grouper les chiffres, qu'on a ôté tout crédit aux discussions de ce genre. D'une autre part, dans une compétition entre tracés ayant les mêmes points extrêmes de départ et d'arrivée, les considérations financières n'ont de base sérieuse que la longueur comparative des tracés, l'évaluation des travaux d'art, l'exploitation de longs parcours communs et enfin l'activité du commerce, de l'industrie et de la circulation des localités intermédiaires. Tous ces divers points ont été traités de manière à dispenser de reproduire les mêmes considérations, sous le point de vue exclusivement financier.

Le seul exposé des faits a dû démontrer que les tracés par la Marne coûteraient énormément moins que la ligne de l'Yonne, et donneraient des produits bien plus considérables que ce dernier tracé, dont l'exécution serait une des opérations financières les plus désastreuses qui jamais aient été faites ; il ne paraît pas, au surplus, qu'on ait grand espoir d'amener des capitalistes intelligents à donner tête baissée dans la folie de ces tentatives de déplacement des grandes voies commerciales ; il leur paraîtra toujours et plus sage et plus sûr de s'en tenir à la direction la plus généralement adoptée, au lieu d'aller courir les hasards des projets chimériques qui exigent de sacrifier le Havre, Rouen et Paris à l'intérêt de Nantes, Orléans et Joigny. Enfin, quoi qu'on fasse, on ne pourra pas méconnaître que les tracés par la Marne, et particulièrement le tracé mixte, présentent une meilleure entrée dans Paris, une jonction facile avec le Havre, peu de grands travaux d'art, un long parcours commun et en même temps une abréviation considérable de trajet, une population commerciale et très-active, une énorme quantité de transports de marchandises de tous genres, et par-dessus tout l'absence de toute concurrence par de grandes voies de navigation. Ces considérations réunies prévaudront assurément, comme considérations financières, sur tous ces tableaux et sur tous ces devis dont les résultats hyperboliques ne peuvent abuser aucune personne sensée.

Il nous reste maintenant à résumer toutes les considérations éparses dans cet écrit; peu de mots doivent suffire pour en présenter la conclusion, et pour fixer le rang que l'intérêt général de la France doit faire assigner à chaque projet.

Le tracé mixte par la Marne et la haute Seine, et le tracé par la Marne et l'Aube peuvent se partager les suffrages. Le tracé mixte est plus court que tous les autres; il dessert Meaux, Troyes et Châtillon; il offre un parcours commun de 160 kilomètres avec la ligne de Strasbourg; il traverse des localités actives industrieuses; il présente des points très-heureusement distancés pour les stations générales et l'établissement des grands ateliers de réparations; sa direction est très-continue, ses pentes et ses courbes ne dépassent pas le maximum fixé; enfin c'est celui qui paraît avoir fixé le choix des grandes compagnies financières; toutes ces circonstances réunies peuvent être considérées comme décisives en sa faveur.

Le tracé par la Marne et l'Aube est plus long que le tracé mixte; il exigerait en outre un embranchement jusqu'à Troyes; il rachète cet inconvénient par un plus long parcours commun; de Marcilly à Dijon, il ne traverse pas de villes importantes, mais sa zone latérale d'action s'étend à la fois sur les vallées de la Marne et de la haute Seine, ce qui lui donne de grands avantages; ses pentes et ses courbes ne dépassent pas le maximum fixé; enfin il exige peu de grands ponts et moins de travaux d'art que les autres lignes.

Le tracé mixte et le tracé par la Marne et l'Aube présentent tous deux une meilleure entrée dans Paris, une jonction facile avec le chemin de fer de Rouen.

Le tracé de l'Yonne est plus long de 42 kilomètres que le tracé mixte, et de 17 kilomètres que le tracé par la Marne et l'Aube ; il exigerait en outre la construction d'une voie circulaire de 13 kilomètres autour de Paris, pour sa jonction avec le chemin de fer du Havre ; l'établissement de cette voie serait très-couteuse ; si elle n'était pas faite, les marchandises, particulièrement celles en transit, seraient soumises à des transbordements onéreux. Le tracé de l'Yonne aurait une moins bonne entrée dans Paris ; cette entrée présenterait d'ailleurs tous les inconvénients des gares communes ; la ligne de l'Yonne aurait de longs souterrains et aussi une tranchée profonde d'un développement de trois quarts de lieue. Le tracé de l'Yone décrit un circuit de 75,000 mètres, ou près de 19 lieues pour franchir les 20,000 mètres qui séparent Pont-d'Ouche et Beaune ; cette difformité de direction, sans exemple au monde, équivaudrait à une solution de continuité entre Lyon et Paris, et entraînerait l'abandon total du parcours sur ces 19 lieues. Des courbes du tracé de l'Yonne sont à très-petits rayons, et par conséquent très-dangereuses ; il présente, sur un développement de 2,216 mètres, des pentes de 10 millimètres et de 8 millimètres, ce qui n'a été toléré sur aucun tracé en France. Par l'extension de son parcours, le tracé de l'Yonne soumettrait les marchandises de Lyon à Paris à un surcroît de dépenses de 8 fr. environ par tonneau ; ce qui pourrait causer à la France la perte de la plus grande partie de son transit : le tracé de l'Yonne, placé parallèlement au canal de Bourgogne, causerait de grands dommages à cette importante voie de navigation, ou subirait sa concurrence. Le tracé de l'Yonne, soit parce qu'il est le plus long, soit parce qu'il n'a point de parcours commun, entraînerait la construction de 250 kilomètres de chemin de fer qui seraient évités par l'adoption des autres tracés. Enfin, les défenseurs mêmes de la ligne de l'Yonne reconnaissent et déclarent que le complément du système de cette ligne exigerait, en outre, l'établissement d'un chemin de fer de 130 kilomètres d'Orléans à Joigny, en sorte que l'exécution de la ligne de l'Yonne, moins utile au commerce intérieur, désastreuse pour le grand commerce d'exportation et pour le transit, coûterait cependant à la France cent millions de plus que les autres lignes. L'adoption d'un tel tracé serait une faute comme il ne s'en commet pas deux semblables en un siècle.

Si l'intérêt général du pays commande le rejet de la ligne de l'Yonne et l'adoption du tracé mixte, ce n'est malheureusement pas une raison absolue pour que cette décision ait lieu. Le comité de l'Yonne, par la puissance de son organisation, par l'influence de ses membres, par l'union active de tous les intérêts qu'il représente, peut parvenir à faire prévaloir d'autres considérations que celles qui s'appuient sur l'utilité générale ; nous vivons dans un temps où la confiance dans la justice et le bon droit paraît, sinon détruite, au moins singulièrement amoindrie ; il s'est substitué à cette confiance une notion instinctive de la toute-puissance de l'intrigue et des influences politiques. Espérons que le choix définitif du tracé à suivre pour les chemins de fer de Paris à Lyon et à Strasbourg ne justifiera pas ces tristes appréhensions. Espérons qu'à cet égard ce ne sera pas en vain qu'il aura été fait un appel à l'opinion publique et aux honnêtes gens de tous les partis.

La carte ci-jointe a été exactement relevée sur celle que le ministère des Travaux publics a fait dresser et distribuer en novembre 1842. Depuis cette époque, et par suite des rectifications nouvelles faites aux tracés proposés, les longueurs de ces tracés de Paris à Dijon sont indiquées comme il suit :

Par la basse Seine, l'Yonne et l'Armançon	361 kil
Par la Marne et l'Aube	344
Par la Marne et la haute Seine (tracé mixte)	319

Paris. — Typographie Schneider et Langrand, rue d'Erfurth, 1.

CHEMIN DE FER DE PARIS A LYON.

DIRECTI

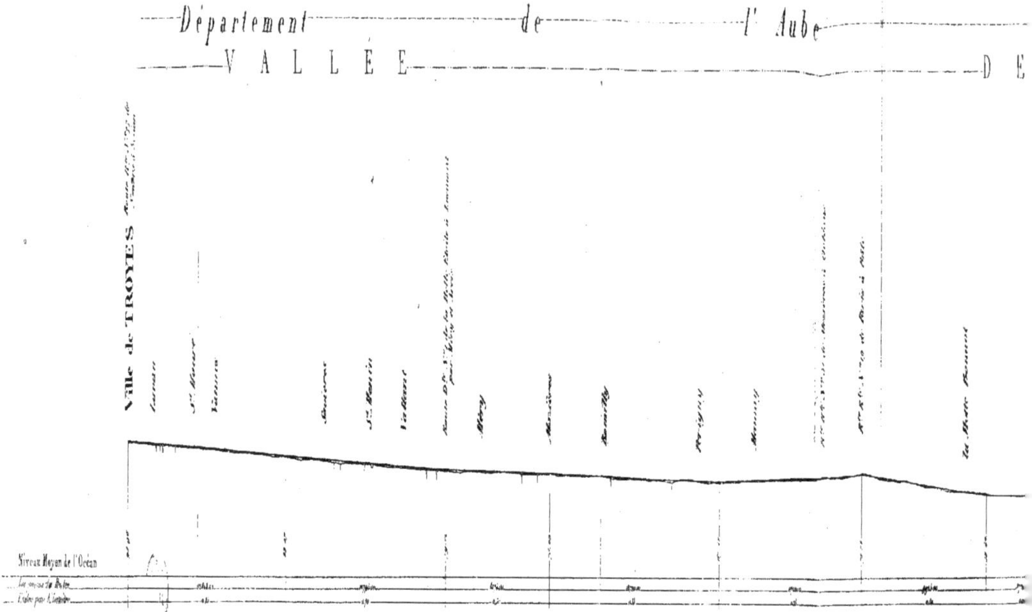

Département de l' Aube

VALLÉE DE

Ville de TROYES

Niveau Moyen de l'Océan

VERSANT DE LA MEDITE

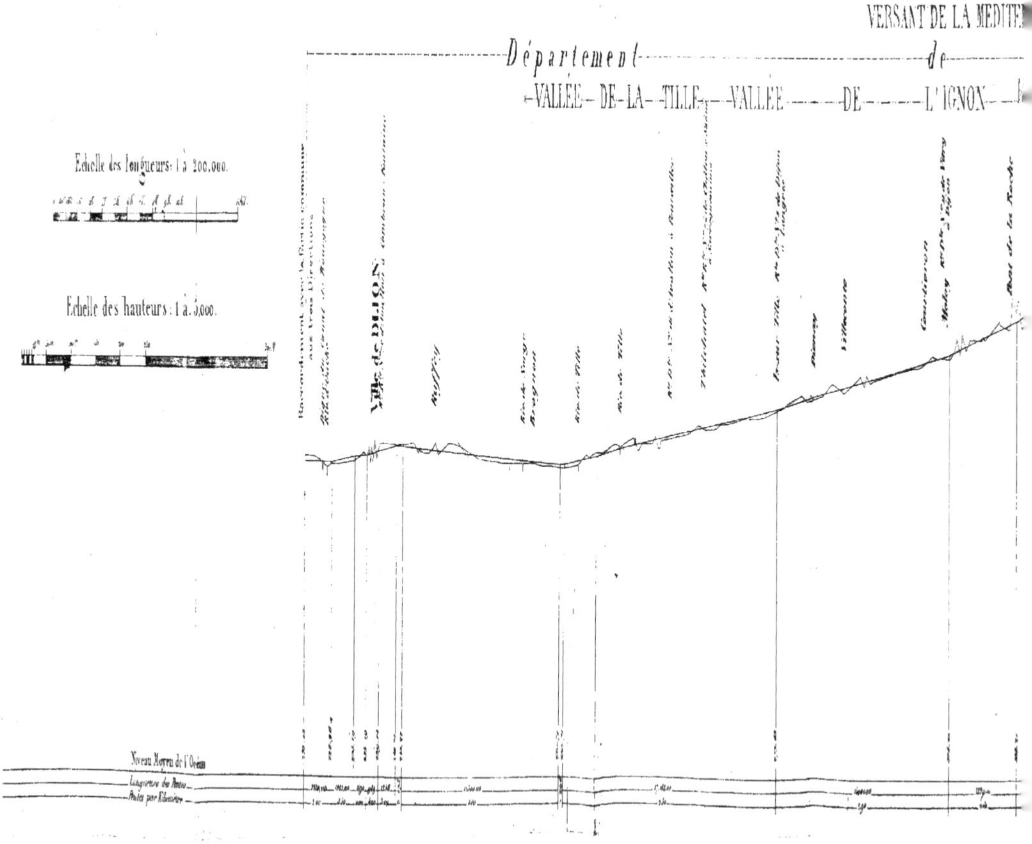

Département de

VALLÉE DE LA TILLE VALLÉE DE L'IGNON

Echelle des longueurs : 1 à 200,000.

Echelle des hauteurs : 1 à 5,000.

Ville de DIJON

Niveau Moyen de l'Océan

… T LES VALLÉES DE LA SEINE, DE L'IGNON ET DE LA TILLE.

Profil en Long de l'Avant-Projet de la Partie de ce Chemin comprise entre Paris et Dijon.

N.° 1.

… Partie commune aux trois Directions: suivant la Seine et l'Ignon, suivant la Seine et l'Yonne, suivant la Seine et l'Aube. — Partie exécutée de Paris à Corbeil.

…rtement de Seine-et-Marne — Département de Seine-et-Oise — Dép.t de la Seine

LA SEINE

Ville de MONTEREAU

Ville de MELUN

Ville de CORBEIL

PARIS

VERSANT DE L'OCÉAN

la Côte-d'Or — Département de l'Aube

Vallée de la Coquille — VALLÉE DE LA SEINE

Ville de CHÂTILLON

Ville de BAR

Ville de TROYES

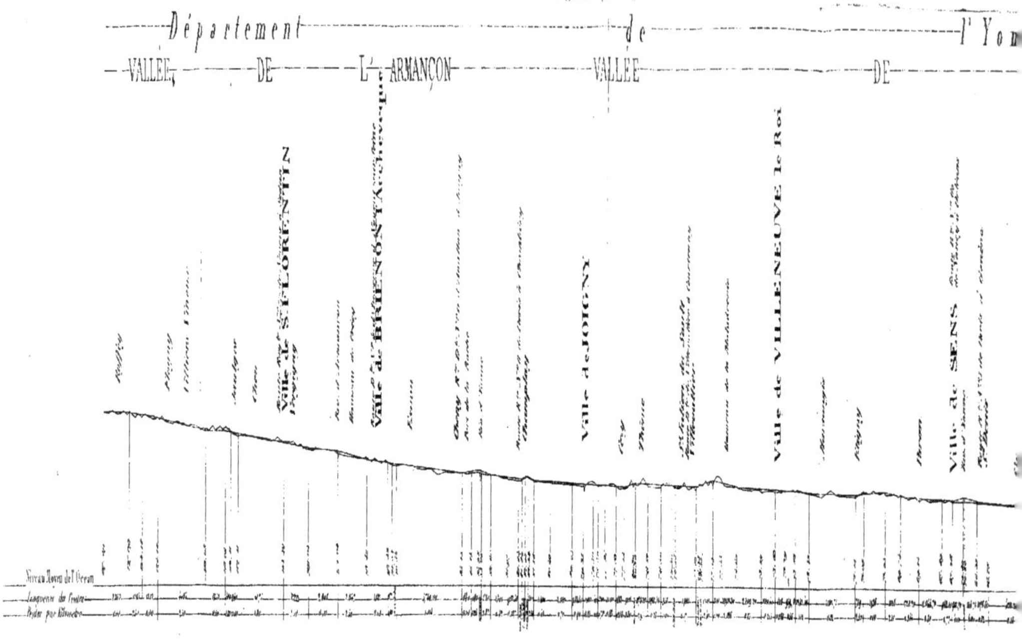

Département de l'Yon

VALLÉE DE L'ARMANÇON — VALLÉE DE

Ville de St FLORENTIN

Ville de BRIENON l'Archevêque

Ville de JOIGNY

Ville de VILLENEUVE le Roi

Ville de SENS

Niveau Moyen de l'Océan

Longueurs des Pentes

Pentes par Kilomètre

VERSANT DE LA MÉ

Département de

VALLÉE DE L'OUCHE

Échelle des longueurs : 1 à 200,000

Échelle des hauteurs : 1 à 5000

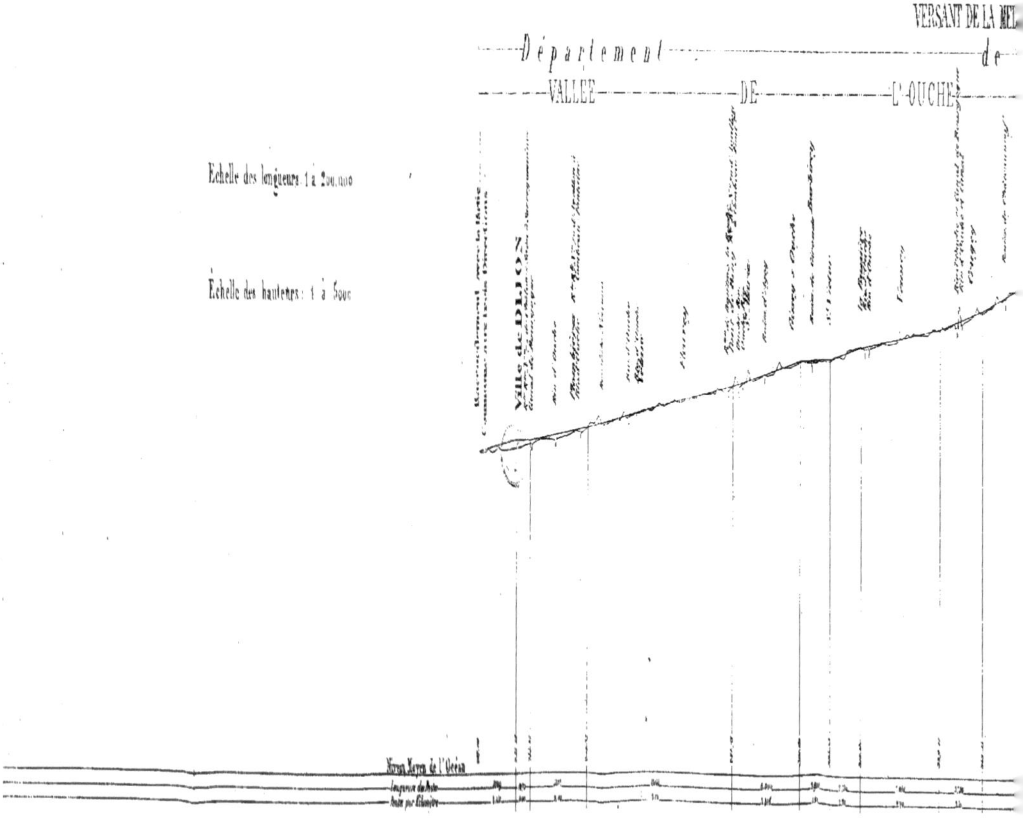

Ville de DIJON

Niveau Moyen de l'Océan

Longueurs des Pentes

Pentes par Kilomètre

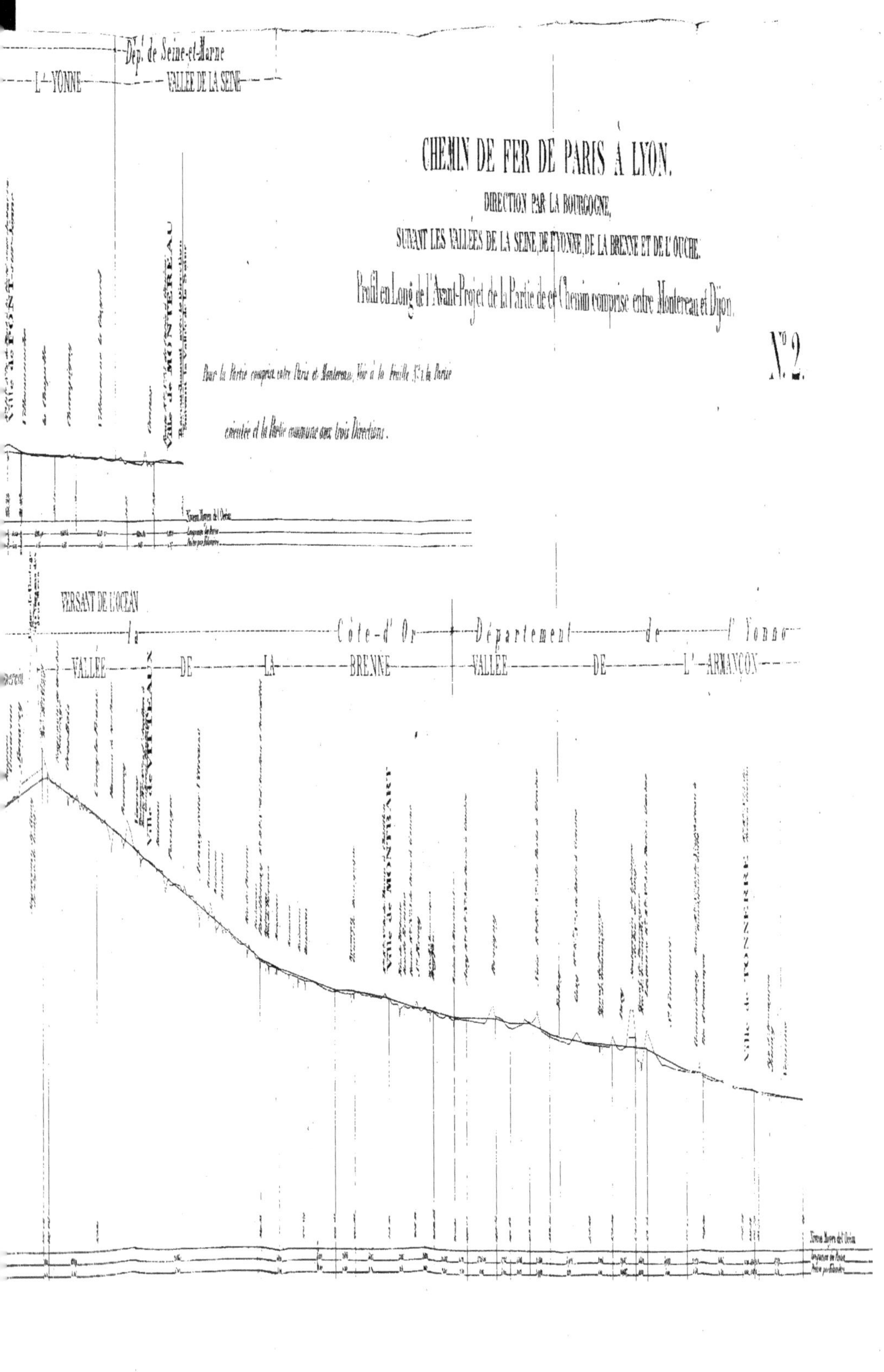

CHEMIN DE FER DE PARIS À LYON.
DIRECTION PAR LA BOURGOGNE,
SUIVANT LES VALLÉES DE LA SEINE, DE L'YONNE, DE LA BRENNE ET DE L'OUCHE.
Profil en Long de l'Avant-Projet de la Partie de ce Chemin comprise entre Montereau et Dijon.
N.° 2.
Pour la Partie comprise entre Paris et Montereau, Voir à la Feuille N.° 1 la Partie
exécutée et la Partie commune aux trois Directions.
Dép.t de Seine-et-Marne
VALLÉE DE LA SEINE
VERSANT DE L'OCÉAN
Côte-d'Or
Département de l'Yonne
VALLÉE DE LA BRENNE
VALLÉE DE L'ARMANÇON
Ville de MONTEREAU
Ville de MONTBARD
Ville de TONNERRE

CHEMIN DE FER DE PARIS A LYON.

DIRECTION PAR LA BRIE, LA CHAMPAGNE ET LA BOURGOGNE, SUIVANT LES V

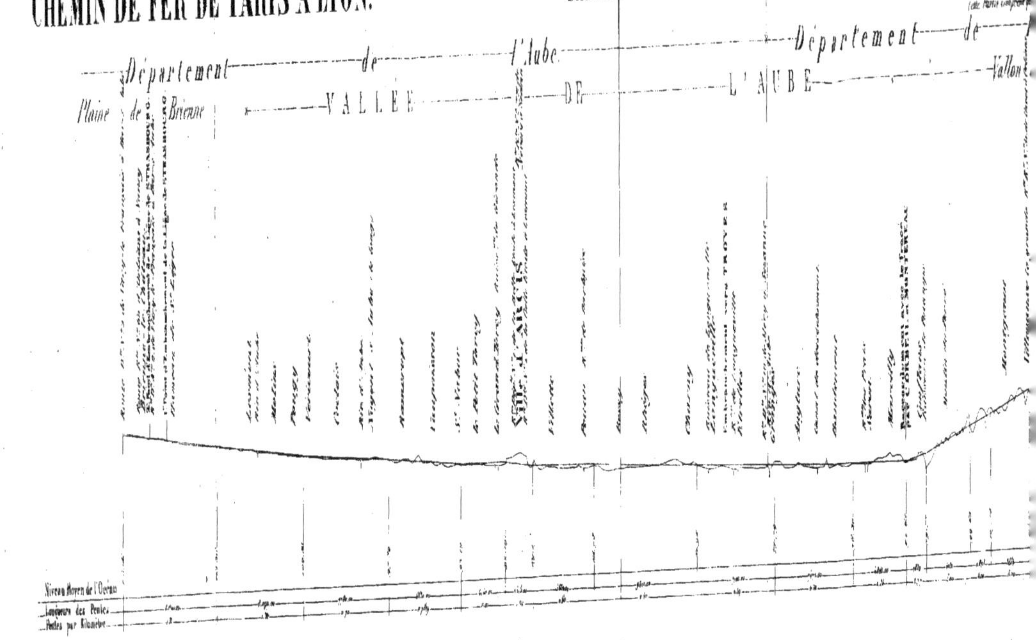

Département de l'Aube

Département de

Plaine de Brienne

VALLÉE DE L'AUBE

Vallon

Ville d'ARCIS

Niveau Moyen de l'Océan

Longueurs des Pentes

Pentes par Kilomètre

VERSANT DE LA

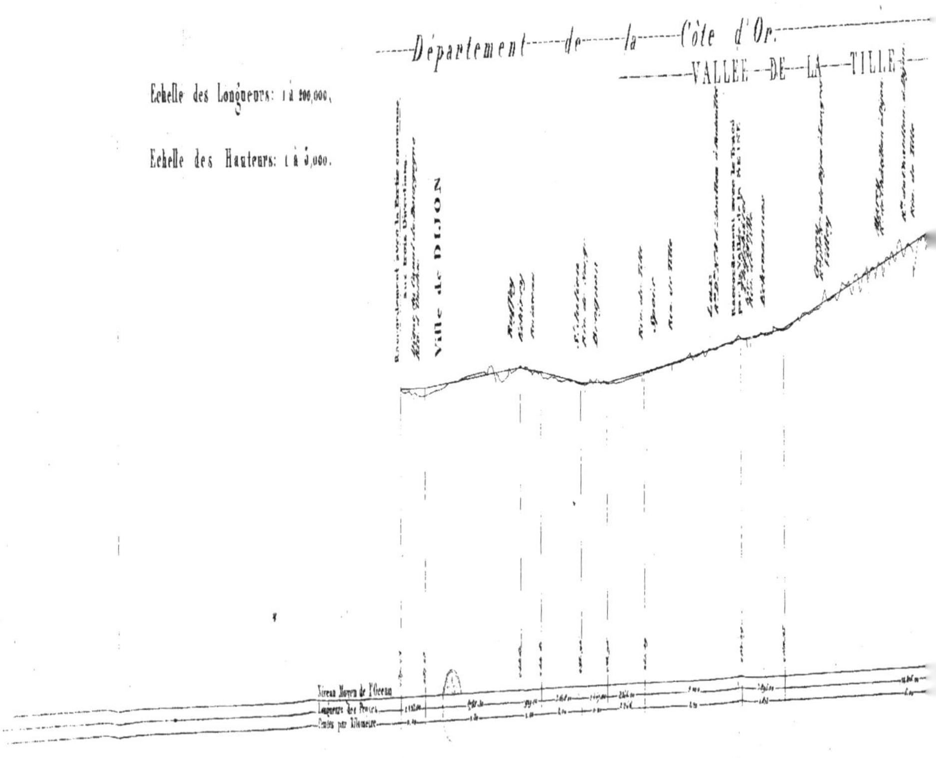

Département de la Côte d'Or.

VALLÉE DE LA TILLE

Echelle des Longueurs: 1 à 200,000.

Echelle des Hauteurs: 1 à 5,000.

Ville de DIJON

Niveau Moyen de l'Océan

Longueurs des Pentes

Pentes par Kilomètre

Profil en Long de l'Avant-Projet de la Partie de ce Chemin comprise entre Paris et Dijon.

N.° 3

…S DE LA MARNE, DE L'AUBE ET LA TILLE.

Marne — Département de Seine et Marne — Dép.t de Brie … — Dép.t de la Seine.

Vallon de l'Aubetin — Vallon du grand Morin — VALLÉE DE LA MARNE.

PARIS

Niveau Moyen de l'Océan

Longueur des Pentes

Pentes par Kilomètre

…RANÉE — VERSANT DE L'OCÉAN.

Département de la Haute Marne — Dép.t de la Côte d'Or — Dép.t de la H.te Marne — Département de l'Aube

VALLÉE DE L'AUBE — Plaine de Brienne

Niveau M.n de l'Océan

Longueurs des Pentes

Pentes par Kilomètre

LIGNE DE L'YONNE ET DE L'ARMANÇON NIVELLEMENT DE LA PARTIE D

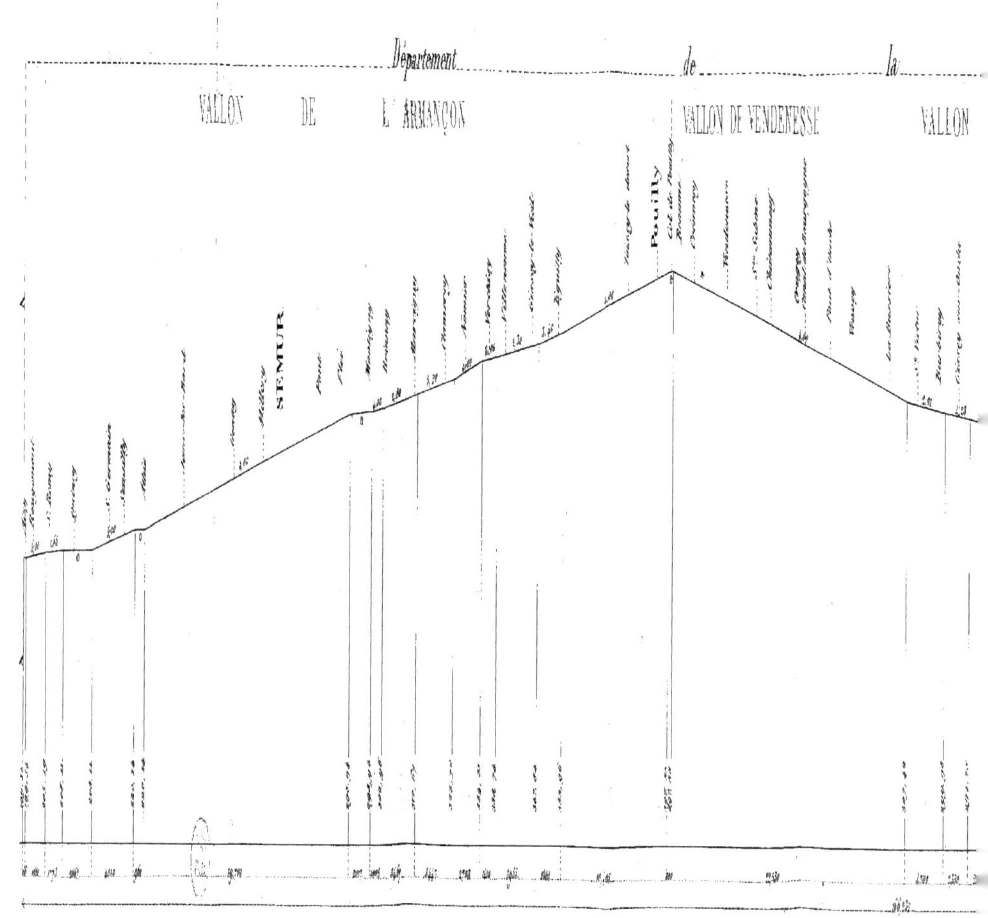

Echelle des Longueurs de 1 à 200,000 ou 0m000005 pour Mètre.

NOTA. Le millimètre est pris pour unité dans les indications de

ET DE Mr. POLONCEAU, ENTRE AIZY ET CHALON SUR SAÔNE.

Côte d'Or — Départt de Saône et Loire.

L'OUCHE. — CÔTE D'OR DANS LA VALLÉE DE LA SAÔNE — VALLON DE LA DHEUNE — VALLON DE LA THALIE

DIJON — NUITS — BEAUNE — Chagny — CHALON sur Saône

Niveau moyen de la Mer au Havre.

Echelle des hauteurs de 1 à 5000 ou 0m.0002 pour Mètre.

... AA indiquent la ligne de jonction avec le projet par l'Yonne, l'Armançon et la Brenne.

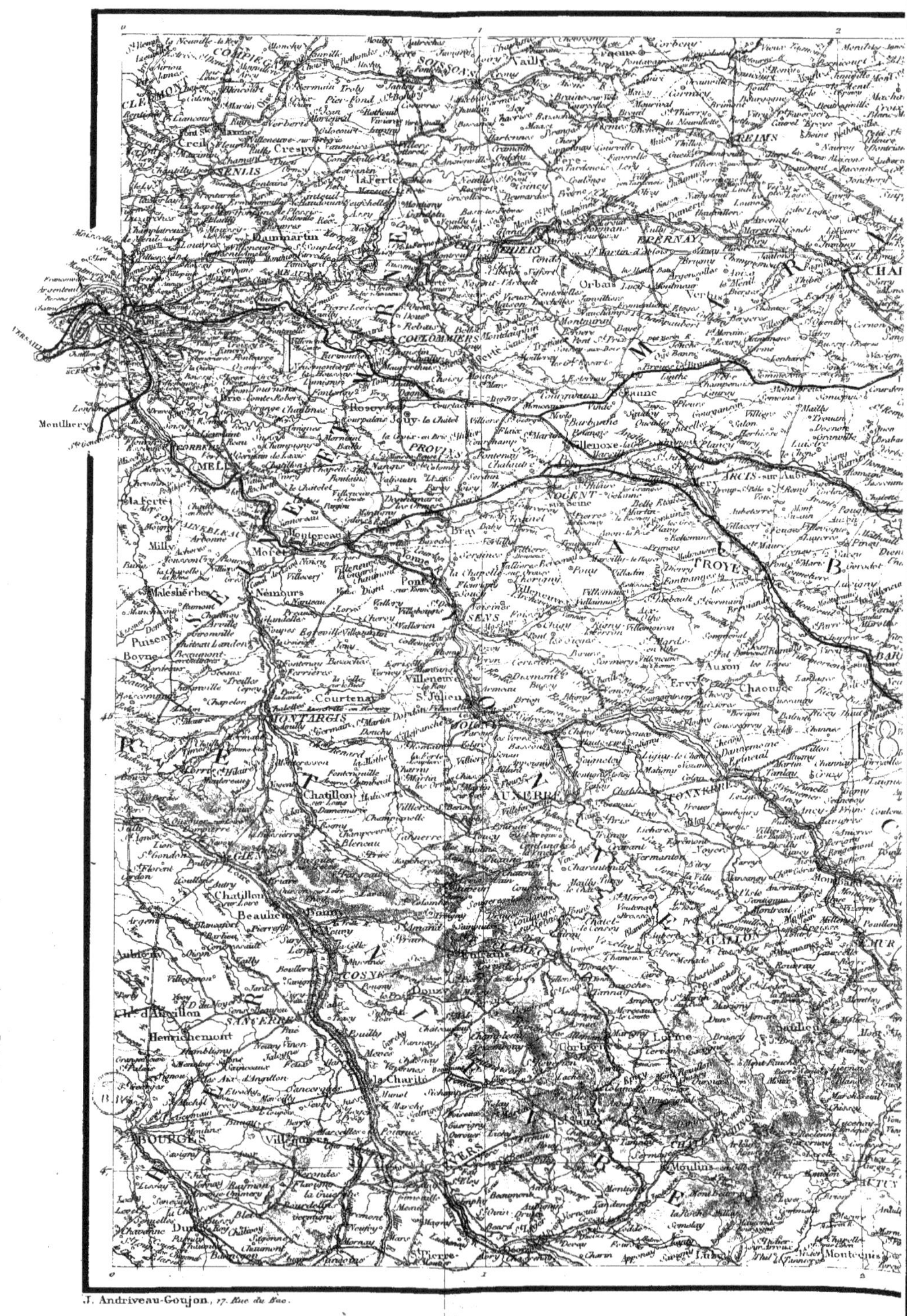

J. Andriveau-Goujon, 17, Rue du Bac.

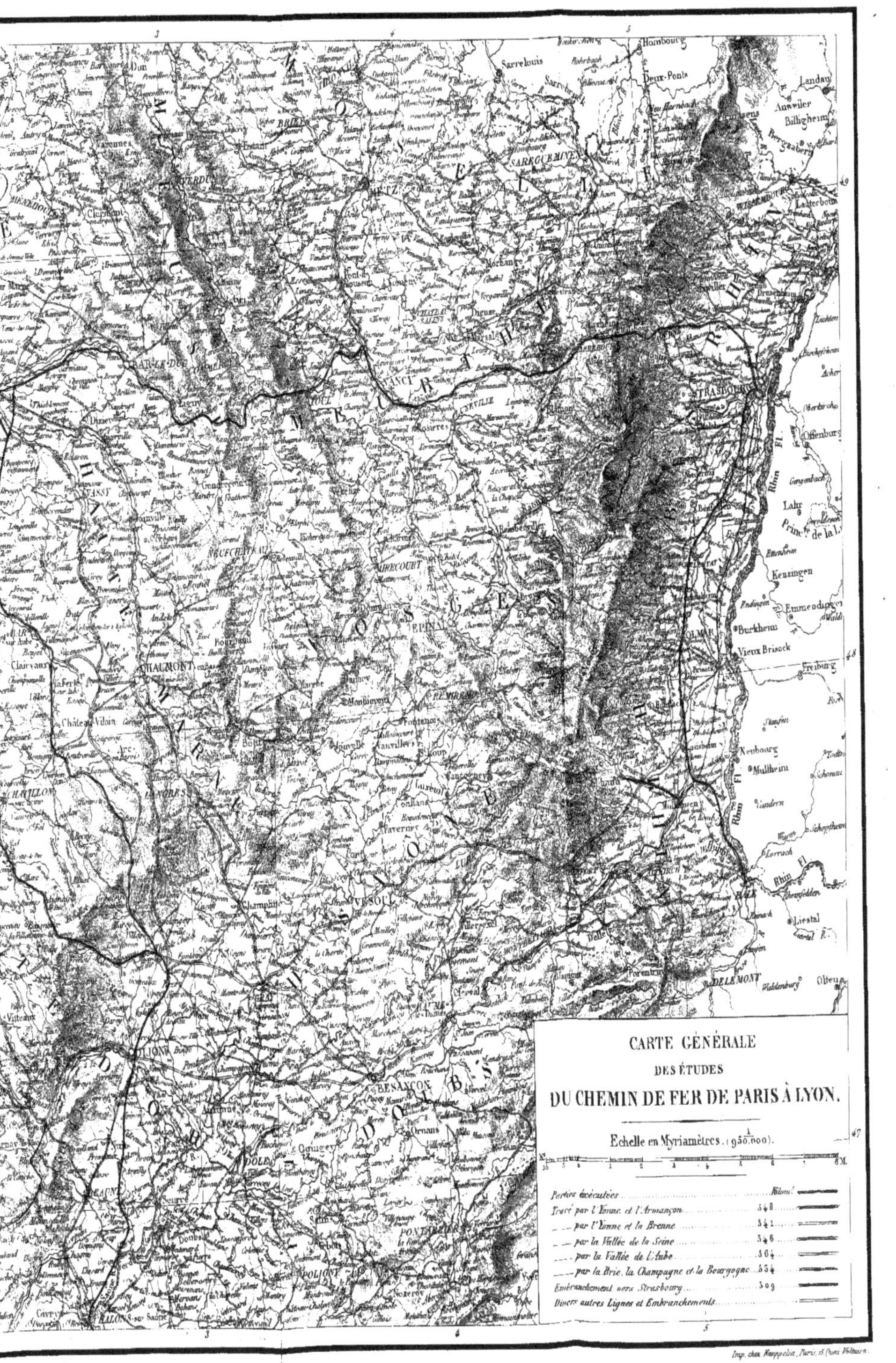

Imp. chez Kaeppelin, Paris, 15 Quai Voltaire.

www.ingramcontent.com/pod-product-compliance
Ingram Content Group UK Ltd.
Pitfield, Milton Keynes, MK11 3LW, UK
UKHW020354180726
13839UKWH00003B/1086